PROFESSEUR MARCEL RUFO

Œdipe toi-même !

Consultations d'un pédopsychiatre

ÉDITIONS ANNE CARRIÈRE

à toi qui m'appelais
« mon pitchoun gari »

INTRODUCTION

« Pourquoi vous intéressez-vous tant aux enfants malades ? »

La question m'est posée par René Diatkine, lors d'un dîner dans le Bordelais, à l'occasion d'un congrès de pédopsychiatres.

Elle me surprend alors que je suis occupé à passer en douce du salmis de palombe à Serge Lebovici, tentant d'échapper à la surveillance de Ruth, sa femme, qui le couve comme du lait sur le feu, parce que malade justement, il est censé suivre un régime drastique.

Surpris, je réponds sans réfléchir : « Je n'en sais rien, il n'y a aucune raison à cet intérêt. »

J'oublie la question, mais voici que, stimulé par les mets autant que par les vins, mon inconscient se met à l'œuvre, comme un bâton soulevant la vase d'un étang tranquille. Et, devant les trois grands maîtres de la pédopsychiatrie française (Michel Soulé est aussi de la partie), je raconte mon enfance. Un souvenir... au hasard ?

Petit, je commençai à tousser beaucoup plus que de raison. Le docteur, appelé à la rescousse, diagnostiqua une coqueluche, en commentant, oiseau de mauvais augure : « On sait comment ça commence, on ne sait pas comment ça finit... »

Alarmée par ses propos, ma mère s'en ouvrit à sa propre mère, ma grand-mère, femme forte et énergique, qui n'entendait pas se laisser désespérer par un vulgaire docteur. Elle prit alors une décision extraordinaire compte tenu de nos maigres moyens et du coût de la chose : aller consulter un spécialiste, LE pédiatre. Lequel m'envoya aussitôt à la radiographie qui révéla un gros ganglion latéral brachial droit de type primo-infection tuberculeuse.

A l'annonce de ce verdict, ma grand-mère, version féminine du Raimu de la trilogie de Pagnol, le traita de « grossier », arguant du fait qu'il n'y avait jamais eu de tuberculeux dans la famille. La brave femme oubliait seulement qu'à la même époque Victor, un voisin, distribuait généreusement ses bacilles de Koch à tous ceux qui avaient le malheur de passer un peu trop près de lui.

Même si elle mettait fortement en doute les compétences du pédiatre, ma grand-mère jugea cependant préférable de me faire respirer un air plus sain. C'est ainsi que ma mère, elle et moi sommes allés vivre à Collobrières (à 20 km de chez nous !), afin de me refaire une santé.

Quatre mois durant, les deux femmes se consacrèrent à plein temps à mon bien-être. Tant d'attentions finirent par avoir raison de ma primo-infection et je fus déclaré guéri. Mais chaque année à l'école, lors de la visite médicale obligatoire, j'avais droit à la radioscopie et, les épaules collées contre la plaque froide, j'entendais le fameux « respirez, ne respirez plus » ; et, chaque année, le médecin décelait une calcification à la base droite, l'une des deux séquelles que j'ai gardées de ma tuberculose. L'autre étant sans doute une problématique œdipienne particulière, une sorte de sur-Œdipe grand-maternel.

A la fin de ce récit, sous les regards amusés des défricheurs d'inconscient présents à notre table, René Diatkine me demande à nouveau : « Pourquoi vous intéressez-vous tant aux enfants malades ? »

Touché ! La maladie enfouie, refoulée, a émergé des profondeurs d'une mémoire où je n'avais plus accès. Il ne me reste plus qu'à avouer que tous les ans à Noël, je file acheter des marrons glacés... à Collobrières exclusivement !

Avoir été un enfant malade suffit-il à expliquer ce que je suis devenu aujourd'hui ? On peut sans peine établir un lien entre les deux, faire de mon enfance la cause de mon engagement professionnel adulte. Pourtant ni la médecine ni la psychiatrie n'étaient chez moi une vocation.

J'aimerais raconter ici un autre souvenir, bien vivace cette fois. Je suis entré à l'école en 11e — à l'époque, on ne disait pas encore CP — sans passer par la maternelle. J'avais en effet appris à écrire, à lire et à compter sur les marchés où officiait ma grand-mère. A longueur de matinée, j'inscrivais les prix des fruits et légumes, pour les effacer et en inscrire de nouveaux, déterminés en fonction de ceux fixés par la concurrence. Je devais donc être à peu près au niveau, sauf que j'étais bilingue. Je pensais en italien et quand j'entendais du français, il me fallait un peu de temps pour traduire dans ma tête avant de répondre. Ce temps de réflexion n'avait pas échappé à notre institutrice qui répondait au nom de Mme Rouen, nom exotique s'il en est. Pour moi l'enfant du Sud et de la Méditerranée, il évoquait l'autre mer, la mer du Nord et les brumes, les îles anglo-normandes, tout un monde inconnu et lointain. A ce détail près que Mme Rouen n'était pas du tout vaporeuse ! Enorme, frisée, elle nous interrogeait de sa voix tonitruante et, comme je tardais toujours à répondre, elle passait sans attendre à un autre enfant. (Précisons ici que son manque de patience pouvait être mis sur le compte des effectifs d'alors : génération du baby-boom oblige, nous n'étions pas moins de cinquante dans la classe.)

C'était en 1949 et, les premiers tests psychologiques remontant à 1947, Mme Rouen décida de profiter des progrès de la science, et m'envoya servir de cobaye. Conclusions du psychologue : je n'étais pas sourd, ce qui était un démenti à la première proposition de l'institutrice. Je n'étais pas idiot non plus, ce qui constituait un autre démenti à son second diagnostic me concernant. Bonne pâte, le psychologue conclut son intervention d'un « il serait même plutôt intelligent » qui allait sans aucun doute changer le cours de ma vie. Envahie par le remords, Mme Rouen n'eut de cesse de se rattraper, me couvant et m'interrogeant aussi souvent que possible. Grâce à son soutien et à ses encouragements, je finis l'année avec un prix d'excellence. L'expérience me plut tant que je recommençai les années suivantes. Une fois par an, à cette occasion, ma mère m'achetait des vêtements neufs et me recommandait : « Tu pars du fond de la salle, tu montes sur l'estrade et là, tu me fais un petit signe, ça me suffit... »

Il va sans dire que l'anecdote me plaît mais ce n'est pas l'unique raison pour laquelle j'ai voulu la raconter. Elle est intéressante, parce qu'elle montre qu'il y a dans toute vie une part de chance Commence alors la ronde des « si » : si je n'avais pas été bilingue, si je n'avais pas été testé, si on ne m'avait pas dit que j'étais intelligent... aurais-je réussi ? Si, avec mes origines modestes, je n'avais pas eu d'étayage narcissique de la part de ma mère comme de mes professeurs... aurais-je réussi ?

Comme j'étais donc un bon élève, on pensa tout naturellement que j'allais devenir instituteur et je passai ainsi le concours de la petite école normale. Je le réussis sans problème, et l'un des examinateurs vint trouver mon père pour lui dire : « Vous savez, il peut prétendre à mieux. » Réponse de mon père : « Si vous le dites, vous, l'enseignant, alors il va continuer. » Voilà encore une autre chance.

Etudiant, je choisis la philosophie qui me passionnait, mais allez savoir pourquoi, tous mes meilleurs copains faisaient médecine. Et c'est bien pour passer du bon temps avec eux que j'ai opté pour cette science-là.

Première spécialisation : la neurologie. Pour découvrir le fonctionnement du cerveau, mystérieux, fascinant, insondable, encore si méconnu. Délaissant les neurones, je m'orientai ensuite vers la pédiatrie. Sans doute avais-je besoin de me coltiner à des enfants dits « normaux » pour apprendre à les connaître, à les comprendre et, plus sûrement encore, pour me « normaliser ».

Ai-je été un bon pédiatre ? Je sais en tout cas que, très vite, j'ai été confronté à mes limites... C'est Antoine qui me les a révélées. A 4 ans, il souffrait d'hypertension artérielle maligne due à des troubles du fonctionnement rénal. Un jour, il s'est mis à avoir des saignements de nez, des bourdonnements de tête et un violent mal de tête. Ses parents, affolés, l'ont conduit à l'hôpital, sur le conseil de leur médecin traitant. De garde ce jour-là, je me suis affolé à mon tour face à ce tout petit bonhomme qui avait 16 de tension, chiffre considérable et inquiétant à son âge, et j'ai appelé un de mes aînés pour étayer mon diagnostic et valider mon traitement. Nous avons donc administré des hypotenseurs majeurs qui ont eu l'effet désiré : au bout de quelque temps, la tension a chuté. Se sentant nettement mieux, Antoine a recouvré l'usage de la parole pour me dire : « Arrêtez de m'examiner, vous m'embêtez ! Je sais pourquoi je suis malade, moi. J'ai mangé plein d'anchois... » Le bout de chou avait en effet une vraie passion pour les anchois-frites, qui, hélas pour lui, lui étaient interdits à cause d'un régime sans sel. Mais ce jour-là, c'était la fête dans le petit port près de Marseille où ses parents étaient pêcheurs et ils n'avaient pas cru bon de le priver de son plat préféré.

Nous avons laissé Antoine pour retourner auprès d'autres jeunes patients... Avant d'être rappelés à son chevet : « le petit aux anchois », comme je l'appelle aujourd'hui, avait fait un arrêt cardiaque. A toute vitesse, nous sommes remontés au sixième étage, celui de la réanimation, où nous nous sommes appliqués à lui faire un massage cardiaque qui l'a aidé à revenir à la vie. Vivant, Antoine n'en était pas moins mécontent : « Arrêtez de me secouer, je ne suis pas une poupée de chiffon... » Comme s'il avait perçu, dans son coma mortel, que nous massions avec violence son petit thorax pour lui redonner souffle. Et puis, tandis que je le couvais, refusant de le lâcher ne serait-ce que quelques secondes, il a continué à râler : « Tu m'embêtes avec ton stéthoscope. De toute façon, j'adore les anchois. »

La rémission fut pourtant de courte durée. Quelques instants plus tard, malgré les soins, le cœur d'Antoine cessa à nouveau de battre. Et tous nos efforts ne réussirent pas à le faire repartir.

Je n'ai pas oublié les minutes qui ont suivi. Moi, seul dans l'ascenseur, allant à la rencontre des parents pour leur annoncer la terrible nouvelle. Le père, fou de douleur et de rage, qui se jette sur moi, m'empoigne pour me battre et moi qui le serre, l'étreint, pour qu'il se laisse aller à son chagrin.

J'ai compris ce jour-là que je ne pouvais pas faire ce métier. Je n'ai pas les capacités suffisantes pour effectuer des deuils ultrarapides, passer de l'un à l'autre, sans répit. Je n'arrive pas à supporter que tout l'avenir s'arrête ainsi... Je crois bien que c'est la mort d'Antoine qui m'a convaincu d'abandonner la pédiatrie pour me consacrer aux enfants en difficulté de vie plutôt qu'aux enfants rencontrant trop tôt la mort.

Depuis ce jour, chaque fois que je vois un petit garçon manger des anchois, j'ai envie de le mettre en garde : « Fais attention, ne va pas tomber malade ! » Mais je ne dis rien, je souris et je me raisonne en pensant que tous les enfants qui aiment les anchois ne vont pas forcément souffrir d'hypertension artérielle mortelle.

Nouvelle bifurcation : je m'orientai vers la psychiatrie. Aussitôt devenu externe, j'optai pour l'asile de l'hôpital de la Timone. Tous les matins, j'ouvrais la porte du service avec une grosse clé ; son bruit dans la serrure me signalait le début de mon activité professionnelle. Et tous les matins, une jeune femme se précipitait à ma rencontre. Très diminuée dans ses capacités de contact avec autrui, elle ne disait que deux choses : « Panpan ! » et « Hou ! » Quand moi je lui disais « Panpan ! », elle s'enfuyait en courant dans le service comme si j'étais menaçant. Mais quand je lui disais « Viens », elle s'accrochait à mon bras, toujours le bras gauche sur lequel elle bavait, et, collée à moi, elle m'accompagnait ainsi tout au long de la matinée.

Cette jeune femme était hospitalisée depuis dix-huit ans. Elle avait été trouvée errant sur la voie publique et, tant d'années après, on ignorait encore son identité, son histoire et les causes de sa pathologie. Je finissais pourtant par trouver tout cela normal... Il était donc grand temps que je sorte de la psychiatrie où je m'habituais de manière chronique aux patients eux-mêmes atteints de maladies tout aussi chroniques.

Il me semble aujourd'hui que j'ai effectué un parcours classique : à peine sorti de mes classes, je me suis précipité vers le plus dur, le plus grave, avant de m'apercevoir que ce qui m'intéressait, c'était le quotidien, l'accessoire, le fugace, tout ce qui est difficile à percevoir, tout ce qui ne s'exprime pas par des hurlements, tout ce qui ne s'enferme pas, tout ce qui ne se médicalise pas à outrance mais qui se parle.

Le psychotique, c'est évident d'emblée, je ne m'identifie pas à lui, alors en quelque sorte ça me protège, ça me renforce dans mon rôle de psychiatre ; le névrotique en revanche ça peut, ça pourrait être moi. Il est vrai que je fonctionne beaucoup — tant pis si c'est mal vu — par identification projective au patient. Ça ne veut pas dire que je fusionne avec lui mais que je me mets à sa place, que je l'écoute, que je compatis. Cela m'aide à comprendre et si je comprends, c'est bien, parce que tout de suite l'autre me paraît plus sympathique et je vais essayer de lui faire comprendre ce que je crois avoir compris pour éviter qu'il s'engage dans une voie névrotique serrée et déterminée. Pour cela il faut parler, expliquer ce qu'on fait, les mécanismes qui sont en jeu. Ne rien dire n'est pas thérapeutique ; sans compter qu'en situation de souffrance ou de tension, le silence compassé est insupportable pour le patient.

Résultat, je ne me retrouve jamais devant un cas répertorié, mais devant une histoire unique et singulière, à laquelle je dois m'adapter. Je rentre dans une vie, dans une problématique et j'essaie de leur donner un sens, une signification, des idées qui vont peut-être servir d'étayage et aider à la reprise du jeu psychologique chez le patient. Le psychiatre a bien fait son métier quand le sujet recommence à penser, à associer, à anticiper, avec vivacité et plaisir.

On sait pourtant qu'on n'a jamais tout résolu. Parce que la psychiatrie n'est pas une antibiothérapie, il n'y a jamais de guérison totale, et c'est bien cela qui est intéressant : chacun reste libre de son destin et de son évolution psychique, libre de se guérir et non pas d'être guéri par nos soins. Le psy doit pour sa part accepter l'idée qu'il n'a pas, qu'il n'aura jamais la même maîtrise qu'un chirurgien ; qu'il va devoir vivre avec ses limites... et, sans aucun doute, ses névroses qui sont autant de barrières à sa compréhension.

Autant le dire tout de suite, je connais mes classiques, à savoir tout ce qui relève de la théorie psychanalytique, mais j'avance beaucoup à l'intuition et à l'audace. La vie psychique m'apparaissant comme très désordonnée, je me mets à son diapason, et suis très désordonné dans mes interventions. Je me fais l'effet d'un pêcheur à la romagnolles, ce drôle de trident qu'on lance dans l'eau un peu au hasard. Peut-être qu'on va réussir à attraper un mulet du ban qui nageait par là, peut-être deux, mais peut-être aussi qu'on n'en attrapera aucun. Dans ce cas, on n'a plus qu'à relancer la romagnolles... C'est cela la psychothérapie. Peu de pêche miraculeuse, mais du savoir-faire, de l'intuition et de la patience.

Mon style est sans doute critiquable, mais il a le mérite d'exister et d'oser se montrer.

Après plus de trente années de pratique, je suis convaincu que la théorie, si elle est indispensable, ne sert pas à grand-chose, ne peut en aucun cas se substituer à la pratique. La clinique est en effet le seul moyen de transmission de notre drôle de discipline qui n'est pas une science et ne peut s'enfermer dans des cases. Mieux vaut voir comment un pédopsychiatre fonctionne, plutôt que de l'écouter disserter sur des questions de cours. Ce n'est pas par exhibitionnisme que j'ai choisi de vous emmener avec moi dans ces consultations, mais parce qu'il me paraissait impossible de vous faire partager autrement l'infinie richesse de ce métier où rien n'est jamais acquis. A mes yeux, le plus beau métier du monde.

L'ENFANT ET LA MALADIE

La pédiatrie et la chirurgie de l'enfant m'ont permis des rencontres déterminantes avec les enfants malades. Il m'a fallu sortir de la fascination exercée par les malades pour réussir une prise en charge du sujet et non pas de la maladie qu'il présente. Je me suis donc intéressé à leurs histoires de famille, j'ai essayé de repérer la représentation qu'ils avaient de leurs pathologies. En ce sens, la médecine est bien propédeutique à la psychiatrie.

Michel,
l'enfant malade que j'aurais voulu être

Il avait 8 ans et était atteint d'une forme de lymphome gravissime. Il était soigné à l'hôpital de la Timone, où il perturbait allègrement le service : il exigeait que sa mère assiste aux ponctions lombaires qu'on lui faisait pour vérifier que les cellules malignes ne proliféraient pas, jetait les cachets qu'on lui donnait, tentait de fuguer de l'hôpital... Bref, les médecins étaient à bout, persuadés que, non content d'être cancéreux, ce petit garçon était fou. C'est pourquoi ils m'appelèrent à la rescousse.

Très vite, j'ai éprouvé une très vive affection pour ce gosse. Il me ressemblait ou, plus exactement, il était celui que j'aurais aimé être si j'avais été atteint au même âge d'une sale maladie incurable : un petit bonhomme qui, par son imagination, ses loufoqueries, ses inventivités permanentes, luttait avec force contre la notion de mort. Quel psychiatre hors pair il aurait pu devenir avec cette capacité-là !

Il en a inventé des folies ! Avant chaque examen qu'il devait subir, il pratiquait sur ses poissons rouges... des ponctions lombaires — à charge pour sa maman de remplacer discrètement lesdits poissons qui ne survivaient pas à pareils traitements ! Un jour où il était au supermarché, il a filé à l'endroit où sont récupérés les enfants perdus et a déclaré au responsable : « Je voudrais retrouver ma maman. » Comme on lui suggérait gentiment de se débrouiller tout seul, il a insisté : « Dites : "Un petit cancéreux a perdu sa maman !" »

Une autre fois encore, alors qu'il se rendait à l'hôpital, il a demandé au chauffeur de changer le numéro de son bus : « Je suis tellement malade que je voudrais que tu me fasses un dernier plaisir. » Le chauffeur n'a pas résisté et Michel était ravi en voyant les gens monter dans un bus qui n'était plus le bon et qui allaient ainsi se retrouver ailleurs que là où ils devaient aller.

J'adorais Michel et le voyais régulièrement, mais nos relations étaient pour le moins orageuses. Pour tout dire, il était en conflit absolu avec moi, avec tout ce que je lui disais. Mais j'étais bien obligé de tenir mon rôle !

Ce gamin si vif et si malin n'oubliait pas d'essayer de tirer tous les bénéfices secondaires possibles de sa maladie. Ses deux parents étaient formidables mais il était surtout très attaché à sa mère dont il avait fait une véritable esclave. Il me disait ainsi : « Il faudrait que son mari dorme dans le garage, et moi dans son lit parce que je suis vraiment très malade. Qu'est-ce que tu en penses, Rufo ? » Bien sûr je pensais — et lui expliquais — que ce n'était pas sa place, que tout malade qu'il fût, il devait dormir dans sa chambre et son père avec sa mère, parce que le complexe d'Œdipe... Il m'interrompait, furieux : « Œdipe toi-même ! »

Ses parents m'ont appris plus tard qu'ils avaient retrouvé dans sa chambre, après sa mort, des tas de petits mots dans lesquels il critiquait toutes mes interprétations : « Ce psychiatre m'a encore répété que j'avais une problématique œdipienne, il ferait mieux de regarder la sienne... » N'empêche qu'à chaque fois qu'il devait venir à la Timone pour des examens, il disait à l'interne :

« Tu devrais appeler Rufo », et j'arrivais aussitôt. N'empêche aussi — ses parents me le raconteront par la suite — que, le week-end, il venait de temps en temps à Cassis où j'habitais alors, demandait à passer devant ma maison et touchait la porte, sans sonner, en disant simplement : « Je sais qu'il est là, ça me suffit, je suis rassuré... »

Je l'agaçais et il me ravissait tout à la fois. Sans doute avait-il perçu ma fragilité vis-à-vis de lui et s'opposait-il de manière agressive à ma trop grande proximité. Il avait compris qu'il ne fallait pas que je lui parle parce que j'étais trop proche de lui.

Si, face à chaque patient, le psychiatre endosse un rôle, face à Michel, j'ai endossé le rôle d'un double de lui-même, un Michel non cancéreux et n'utilisant pas les bénéfices de la maladie pour persécuter père et mère. Il savait, lui, qu'il allait mourir et il devait me trouver un peu étrange avec ma volonté de le normaliser, pour qu'il vive à tout prix... Que pouvait-il donc penser du drôle de bonhomme que j'étais, presque convaincu que la psychiatrie allait le sauver de son lymphome ?

J'ai vu Michel pendant un peu plus de deux ans. Mais la greffe de moelle qu'on avait tentée pour le sauver ayant échoué, il a fini par mourir. Ce jour-là, il a demandé qu'on me prévienne mais personne n'a jugé utile de m'avertir. Michel a eu ce commentaire : « Si Rufo ne vient pas, c'est que je vais mourir. » C'est comme ça que j'ai raté mon dernier rendez-vous avec ce petit exceptionnel...

Grâce à Michel, j'ai compris que, si je pouvais suivre des enfants malades, j'avais cependant un point faible : mon affectivité et mon empathie avec des êtres, comme lui, d'une telle qualité, et ma difficulté à effectuer des deuils rapides. J'ai compris une nouvelle fois que j'avais eu raison de ne pas devenir oncologue, mais aussi que les soins psychologiques aux enfants porteurs de maladie mortelle sont essentiels à ces enfants et à leur famille.

J'ai envie de penser que j'ai aidé Michel, que grâce à la relation thérapeutique, il a survécu plus longtemps que d'autres. C'est peut-être faux, mais ça me fait plaisir de le croire...

Grâce à Michel enfin, il me semble avoir compris ma propre mort.

Deux chances sur cent...

Lætitia, 13 ans, présente tous les signes d'une profonde déprime.

On en comprend aisément les raisons quand on connaît son histoire. La fillette était âgée de 7 ans lorsque les médecins ont diagnostiqué une leucémie. A l'époque, elle a surpris une conversation entre sa mère et un interne, lequel s'est laissé aller à faire un pronostic effrayant : « Elle a deux chances sur cent de s'en sortir. » Lætitia n'a jamais osé partager avec quiconque ce qu'elle a entendu ce jour-là. Peut-être même avait-elle fini par l'oublier puisque, à 9 ans, elle avait été déclarée guérie, comme une autre de ses camarades d'infortune d'ailleurs.

Mais voici qu'à l'adolescence, cette camarade fait une rechute et meurt, plongeant Lætitia dans la déprime : cette mort la renvoie à sa propre mort et au terrible pronostic de l'interne. Elles étaient deux à être guéries ; si l'une meurt, le pronostic des deux chances sur cent ne tient plus, elle aussi peut mourir. Curieusement, elle n'est pas atteinte du syndrome du survivant, à savoir qu'elle ne se sent pas coupable d'être en vie quand sa copine succombe, elle n'est pas triste non plus. C'est sans doute une particularité des enfants malades : il y a entre eux une sorte de compétition pour la vie et, du coup, un grand dédain vis-à-vis de la mort des autres, ou en tout cas une capacité à effectuer des deuils ultrarapides que l'on retrouve d'ailleurs chez les équipes soignantes. Non pas qu'elles soient insensibles, mais elles sont en quelque sorte protégées par leur « technicité », les interventions, les protocoles. Médecins et infirmières n'évitent pas la relation avec leurs patients, mais ils ne la renforcent pas trop et c'est très bien ainsi : créer des liens intenses ne pourrait qu'entraîner des dommages, des passages dépressogènes et douloureux à assumer. C'est d'ailleurs pour cette raison qu'il existe des postes de psychiatres et psychologues en oncologie et, de leur côté, ces spécialistes n'ont pas à s'intéresser de trop près aux protocoles de chimiothérapie. Un soignant lutte contre la maladie, un psy s'intéresse à la représentation de la maladie. C'est dans ces différences d'approche qu'on garantit le bon fonctionnement d'un service.

J'ai vécu moi-même cette répartition des rôles. Lorsque j'exerçais en pédiatrie, j'étais incapable de m'intéresser aux problèmes psychologiques des enfants, je n'en avais que pour les staphylococcies, les épilepsies, les infections, les inflammations. Je n'arrivais pas à être psychiatre alors que, dans les faits, je l'étais déjà. En 1975, j'ai eu l'idée de fermer l'une des chambres du service pour la transformer en bistrot. Là, en servant un café ou un jus de fruits aux parents et aux frères et sœurs de mes jeunes patients, je pouvais leur parler, ne plus être seulement médecin technicien. Je croyais pourtant qu'il s'agissait d'un caprice autant que d'un gadget mais, plus de vingt ans après, les parents me donnent encore des nouvelles de leur enfant que je soignais à l'époque. Comme si ce qui les avait marqués, c'était moins la maladie elle-même que la relation intime créée dans notre café improvisé. Voilà pourquoi je dis souvent aujourd'hui que l'avenir des hôpitaux, ce sont les bistrots.

Je vais voir Lætitia pendant trois ans. Et d'entrée de jeu, je comprends le pourquoi de sa dépression.

L'idée de la mort occupe une grande place dans les pensées de l'adolescent. A cet âge, on a souvent moins peur de la mort que de la vie. A condition de pouvoir choisir et maîtriser cette mort. Jouer à la roulette russe, rouler à fond à mobylette sans casque, ça procure des sensations, mais ce n'est pas tout à fait pareil que d'avoir des cellules malignes qui vous rongent le corps. Les adolescents veulent pouvoir « gérer » leur mort, mais ils n'ont aucune envie que la maladie la gère à leur place ! Comme les autres de son âge, Lætitia voudrait pouvoir mourir ou jouer à la mort sans que la mort s'impose à elle. La disparition de sa copine la replonge dans le passé, dans sa maladie mortelle, lui interdisant d'actualiser sa vie. Alors la maladie lui vole son adolescence. C'est un peu comme ce qui se passe dans les couples : lorsque le conjoint meurt, l'autre le ressent comme une annonce de sa propre mort.

Malgré cela, la dépression va s'évacuer doucement, au fil des séances. Parce que Lætitia, ex-petite fille malade modèle, parvient à dire enfin ce qu'elle a vécu et ressenti. Elle qui ne s'était jamais plainte ose raconter les angoisses, les doutes, les blessures et cela la libère peu à peu d'un poids terrible. Elle s'en prend d'abord au discours médical. Ces gens-là sont-ils seulement sûrs de leurs diagnostics ? Ils lui ont si souvent changé son protocole thérapeutique qu'elle avait perdu confiance en eux et en leur capacité de la guérir. Elle évoque aussi la vie quotidienne et sa scolarité qui l'a toujours soutenue, grâce à l'école à l'hôpi-

tal et grâce surtout à une institutrice qui la félici-
tait toujours sur son travail. « C'était la seule personne qui ne me cachait rien, puisque c'était la
seule qui ne me parlait jamais de ma maladie »,
dit-elle. Tous les autres, médecins, parents, faisaient régner un secret quant à l'évolution possible
de la leucémie et elle doutait de ce qu'ils affirmaient devant elle.

Elle égrène ses souvenirs et, derrière la douleur,
je perçois sa force de vie, intacte. Lors de vacances
en Corse, un de ses cousins, joli garçon sensible à
ses charmes, lui faisait la cour, jouant de la gui-
tare sous ses fenêtres, trois accords seulement
pour ne pas attirer l'attention du père. Ses baisers,
ses caresses l'ont surprise. « Qu'on puisse désirer
mon corps malade, perfusé, radiothérapé, c'était
une découverte fantastique », se rappelle-t-elle.
Elle souhaitait même des rapports plus intimes,
mais le cousin a résisté à ses avances, « paniqué,
dit-elle, par mes règles trop hémorragiques dues
à la chimio ». Elle s'amuse de ma réaction, sans
doute un peu gênée, à ce type de confidences, et
m'interroge, moqueuse : « Vous aussi, vous avez
peur des règles ? » Je ne réponds pas, me contentant de repenser au précepte de l'un de mes
maîtres, Serge Lebovici, pour qui la peur des
règles signe l'homosexualité !

Enfin, elle peut aussi parler de ses parents, de
sa mère presque trop dévouée, jusqu'à l'étouffer,
sans jamais lui dire la vérité, et de son père, plus
distant, vécu comme menaçant mais, dans le
même temps, garant du bon fonctionnement de la
famille. Plus elle peut discuter de toutes ses résis-
tances à reconnaître la réalité telle qu'elle était,
plus elle abandonne la peur de la mort. Le temps
aussi joue en sa faveur, lui offrant la preuve que
ses craintes ne sont pas toujours justifiées et que

la disparition de son amie n'était pas l'annonce de la sienne.

Bien des années plus tard, alors que je suis sans nouvelles de Lætitia, on me demande un travail sur les relations entre frères et sœurs. J'ai alors l'idée de convoquer les deux frères de Lætitia, afin de rendre compte des répercussions, au sein de la fratrie, de la maladie d'un de ses membres. Je découvre ainsi l'histoire des deux frères et la façon dont ils ont vécu leurs années d'enfance.

L'aîné, qui a quatre ans de plus que Lætitia, était un garçon brillant, sans problèmes. Le benjamin, plus jeune de trois ans, souffrait — et souffre encore — d'une amblyopie, une forte déficience visuelle.

Lorsque la leucémie a été diagnostiquée, la mère s'est entièrement investie pour soigner Lætitia : c'est elle qui la conduisait à l'hôpital, rencontrait les médecins, assistait aux traitements... Le père, un Corse, refusait quant à lui de voir sa fille malade, il ne voulait même pas en entendre parler, faisant ce qu'on appelle un déni. Nier c'est dire : « Je ne suis pas malade, je ne me soigne pas. » Dénier, c'est faire comme si on ne voyait pas, comme si ça n'existait pas. Le déni se rencontre plus souvent en cas de handicap mental, psychique ou cognitif que pour une maladie organique. Mais, je le constate tous les jours ou presque, de nombreux parents, même s'ils savent la vérité, ne veulent pas par exemple que leur enfant entende le mot cancer.

Le déni mérite pourtant d'être compris et réfléchi : les parents souhaitent toujours que leur enfant soit le plus en adéquation possible avec l'enfant imaginaire qu'ils avaient souhaité. L'enfant démoli par la maladie ou le handicap ne correspond plus du tout à cet imaginaire. La dénégation vient alors remplacer l'enfant réel, en maintenant l'image de l'enfant désiré.

On le voit bien ici : même si Lætitia subissait de longues chimiothérapies, le père faisait comme si ça n'existait pas. En revanche, il se consacrait totalement à son plus jeune fils : il le rééduquait, lui apprenait à se battre pour prendre une place dans la société malgré son handicap visuel, l'emmenait dans de longues battues au sanglier. S'il s'en occupait ainsi, ce n'était pas parce qu'il l'aimait plus que sa fille, mais parce qu'avec lui il pouvait jouer entièrement son rôle de père ; avec Lætitia, il dépendait des médecins et de leurs diagnostics, qui lui confisquaient son pouvoir paternel. Ainsi, grâce à son amblyopie, le petit a vécu son enfance sans souffrir de la maladie de sa sœur.

Il en est allé tout autrement de l'aîné : comme en réponse à la leucémie de Lætitia, il est soudain devenu mauvais à l'école. S'il est devenu mauvais, alors qu'il était jusque-là brillant, cela prend sens : il sabotait sa scolarité, histoire de pouvoir être attractif et intéressant, même de manière conflictuelle, avec ses parents. Puisque ceux-ci ne s'occupaient que de la maladie de la sœur et du frère, puisqu'il n'avait, lui, aucune capacité à être malade malgré son désir, il s'est mis dans un désarroi d'apprentissage pour attirer l'attention. Il faut croire que sa stratégie a marché et qu'il a obtenu ce qu'il attendait, car il est bientôt redevenu bon élève.

Souhaiter être malade à la place de sa sœur n'est pas un signe de générosité ! On voudrait être malade, parce qu'on se croit suffisamment tout-puissant pour guérir d'une maladie dont l'autre ne guérit pas. « Elle est leucémique, je veux être leucémique ; elle va mourir, moi je guérirai ; le héros, c'est moi, elle, dans le fond, c'est zéro, elle l'a eue parce qu'elle le mérite... » Mais comme c'est terrible d'avoir de pareilles pensées, ce garçon a retourné ces souhaits de mort sur lui-même, seul moyen d'éviter l'horrible sentiment de culpabilité que lui procuraient ses idées indicibles à quiconque. Lætitia apparaissant comme la vedette de la famille, vedette avec laquelle il fallait être gentil, dont il fallait prendre soin, cet enfant a finalement vécu ces années dans une profonde solitude, en se sentant abandonné par ses parents qui lui demandaient de comprendre qu'ils ne pouvaient pas s'occuper de lui. Message impossible à entendre et à accepter pour un enfant quel qu'il soit.

Quoi de plus normal pour des parents que de se soucier sans relâche d'un enfant malade ! Ce souci traduit l'inquiétude quant à l'avenir et à l'évolution, mais on peut lui trouver aussi d'autres significations : cet enfant-là, s'il n'avait pas été malade, aurait à coup sûr été celui qui aurait tout réussi, comme on le désire. Il aurait été l'enfant idéal qu'on ne peut jamais avoir dans la réalité, la maladie permettant en quelque sorte aux parents de conserver leur rêverie et leur imaginaire. Un enfant, on l'aime, mais il n'est jamais aussi merveilleux que celui qu'on imaginait. Il y a même des moments où on ne le trouve vraiment pas terrible. Si on le voit moins, on en rêve, on se souvient de ses bons côtés. S'il disparaît pour de bon, il devient franchement idéal.

Lætitia a traversé sa leucémie sans autres douleurs que celles — largement suffisantes — dues aux traitements divers et à l'inquiétude. Sa mère s'occupait d'elle sans relâche. Et son père qui ne s'en occupait pas lui prouvait aussi qu'il l'aimait. « Papa ne veut pas entendre que je suis malade, il ne veut pas que je meure, cela lui serait insupportable », c'était une preuve d'amour, ça l'aidait à lut-

ter, en la renforçant. Dans le fond, les rôles parentaux ont été bien différenciés : un père peu
présent, mais fort, ferme, et une mère attention-
née, attentive, présente.

Il faut savoir que les enfants ont de la maladie
une idée particulière. Un adulte chez qui on diagnostique un cancer du poumon va aussitôt penser
que ce cancer est dû à trop de tabac ou à une mauvaise hygiène de vie. L'enfant, lui, croit que la
maladie est une espèce de punition, parce qu'il a
été méchant, parce qu'il a eu des mauvaises pensées concernant ses parents ou ses frères et sœurs.
D'où une tendance à accepter ce qui arrive comme
un juste châtiment et à ne pas se révolter. C'est
ainsi que les enfants font de trop bons malades,
résignés, un peu passifs, tant au niveau des soins
qu'au niveau de la douleur physique. Ils se
plaignent peu, voire pas du tout. Là où un adulte
réclamera de la morphine, un enfant souffrira
sans rien dire. C'est pour cela qu'on a longtemps
cru que les petits ne ressentaient pas la douleur.

Mais, de cette maladie qui le frappe et dont il
se sent responsable, l'enfant va tirer des bénéfices
secondaires : attention constante des parents,
attention aussi du corps médical, renforcée quand
le jeune patient fait l'objet d'une thérapie révolu-
tionnaire ou subit une intervention rare. Dans ce
cas, il ne considère plus la maladie comme un
risque, mais il la vit véritablement comme une
seconde naissance.

Enfin, chez l'enfant, la maladie est organisée
comme une connaissance. La curiosité dont il fait
preuve à son égard, la même que celle qu'il manifeste pour les maths, la géographie ou la musique,
le protège un peu de l'inquiétude. Il est d'ailleurs
frappant de voir comme les jeunes malades sont
au fait de l'anatomie, des médicaments, des soins
et des traitements qu'on leur administre.

Pourtant, même vécue dans des conditions les moins mauvaises possibles, et même guérie définitivement, la maladie laisse toujours des traces. Lætitia est devenue puéricultrice dans un service d'oncologie. Son frère aîné est maintenant kinésithérapeute. Comment ne pas penser qu'il y a, dans ces choix, une volonté de réparation ? On ne se débarrasse jamais tout à fait de son enfance...

Medhi, l'enfant amputé

Un de mes amis, chirurgien en orthopédie infantile, me parle d'un de ses jeunes patients. Medhi, 5 ans, est atteint d'une ostéomyélite[1] du membre inférieur droit, qui dévore son tibia et son péroné. Il présente des lésions purulentes et des anfractuosités, et une déformation de la jambe, plus courte de 10 cm que la jambe gauche saine, ce qui lui interdit tout appui.

Le petit est algérien. Issu d'un milieu très modeste, il vit à la campagne où il ne peut bénéficier d'aucun soin, ni antibiotique, ni chirurgical. C'est pour cette raison que sa famille a finalement décidé de l'envoyer à l'hôpital à Marseille, afin qu'il se fasse soigner et qu'il guérisse.

Après m'avoir raconté l'histoire, mon ami me fait part du dilemme face auquel il se trouve : soit il traite la lésion, mais pour un résultat médiocre compte tenu de l'état de la jambe qui a peu de chances de récupérer ; Medhi devra alors subir plusieurs opérations et rester absent de chez lui pendant environ un an, situation difficile quand on sait que ses parents ne peuvent pas l'accompagner et le soutenir. Soit il ampute le garçon de sa jambe malade, moyennant quoi, dans un mois, il

1. Inflammation des os et de la moelle osseuse.

pourra retourner près des siens. Avant d'envisager, bien sûr, une prothèse.

D'après mon ami, c'est à moi, psychiatre, de trancher. Terrible question posée à quelqu'un plus habitué à discuter d'amputation de type symbolique que de la réalité chirurgicale de l'ablation.

Pour prendre cette décision, j'ai bien entendu besoin de rencontrer Medhi, avec l'aide d'un interprète car il ne parle pas le français — et je ne parle pas l'arabe ! Brillant, intelligent, à l'aise dans la relation et le contact, d'emblée le minot parle beaucoup de sa famille, et en particulier d'un frère aîné qui le porte sur ses épaules à travers les collines pour l'emmener pêcher à la rivière. Leur complicité lui manque. Medhi se plaint aussi de ses douleurs à la jambe, mais il accepte plutôt bien d'être là puisque c'est pour guérir.

Au cours de notre troisième entretien, l'enfant me fait un dessin très évocateur : un petit bonhomme maladroit, avec une jambe blessée bien plus longue que l'autre. Puis il me demande une paire de ciseaux et, avec un large sourire, coupe cette jambe qui le gêne.

Lorsque, après cela, mon ami chirurgien me demande quelle décision prendre, je lui réponds avec inquiétude et la mort dans l'âme : « Ampute-le. » Pour me conforter, je repense au dessin, à la relation très forte avec le frère aîné qui peut le soutenir et à son souhait de guérir. Mieux vaut alors le guérir vraiment de cette maladie chronique plutôt que de lui proposer à la place un traitement chronique.

Mon ami, lui, ne remet pas en cause ma décision — c'est d'ailleurs l'une des caractéristiques des chirurgiens d'accepter les propositions des psychiatres, contrairement aux médecins qui ont tendance à les discuter. Comme si la pratique chirurgicale, précise, évitait tout type de concurrence et que l'indication psychologique était considérée à l'égal d'une indication opératoire.

Le jour de l'intervention, j'accompagne Medhi jusqu'à la salle d'opération. Apparemment, il comprend bien ce qui lui arrive, même s'il demande avec une belle candeur : « Quand ma jambe repoussera, est-ce qu'elle ne sera plus malade ? » Je réponds qu'on lui mettra une jambe artificielle, qui ne risquera donc aucune maladie, et cela semble l'amuser beaucoup.

Pourtant, ma culpabilité déjà totale pendant toute la durée de l'opération perdure les jours suivants. Et pour cause : Medhi paraît très triste de ne plus voir sa jambe et se plaint de douleurs vives à l'endroit de ce membre disparu, comme si la mémoire de la douleur remplaçait les douleurs lésionnelles passées, faisant ainsi survivre sa jambe amputée. Il semble souffrir tellement qu'il réclame plus de traitements antalgiques qu'avant l'opération. Pour parfaire ma culpabilité, il boude nos entretiens, refuse de me parler et même de me voir.

Il retournera en Algérie, me laissant en proie au doute et à l'inquiétude. Avais-je pris la bonne décision ? Comment son amputation allait-elle être vécue par sa famille qui croyait au miracle de la guérison ? Son grand frère emmènerait-il encore Medhi à la pêche ? Autant de questions sans réponses qui allaient me tourmenter encore quelque temps.

Dix ans plus tard, un bel adolescent entre à la consultation. Il sourit en tapant sur sa jambe artificielle et, plantant ses yeux dans les miens, dans un français très correct, il me demande : « Tu te souviens ? »

Aussitôt mon esprit chavire et toute l'histoire

me revient en un instant. Je suis prêt à recevoir sa critique, son agressivité, sa rancœur, ses reproches... Mais avant même que j'aie le temps de dire quoi que ce soit, Medhi me rassure : « Tu as bien fait. » Il marque une pause avant d'ajouter : « Je voulais te dire : maintenant, je vais tout seul à la pêche. »

Cette histoire, vécue au début de ma carrière, me paraît exemplaire des difficultés d'évaluation psychologique en chirurgie de l'enfant et de l'adolescent. On ne peut jamais être sûr de soi et de la justesse de l'avis que l'on donne. C'est Medhi et personne d'autre qui, des années après, m'a apporté un semblant d'assurance de ne pas m'être trompé. Il avait retrouvé l'indépendance de mouvement et cela semblait lui convenir. Donc ça me convenait à moi aussi. Preuve que nos propositions ne valent rien si elles ne rencontrent pas l'adhésion du patient. Seul, le psychiatre n'est jamais ni bon, ni juste.

L'ENFANT ET LA SOMATISATION

Après les maladies, il s'agit d'explorer comment les enfants expriment leur anxiété avec leur corps. Les nourrissons sont doués très tôt de langage ; ils parlent avec leur corps. Quoi de plus explicite alors qu'une somatisation ? Tout y passe : le digestif, la motricité, la respiration... Le symptôme permet peu à peu de se dégager de la collection de signes aboutissant au syndrome pour un diagnostic. Il ne faut pas s'arrêter à la somatisation pour en comprendre le sens.

Aboie-boite

Dans les tout premiers mois de mon activité en pédopsychiatrie, deux petites filles sont hospitalisées pratiquement en même temps.

Lucie, 8 ans, pour un problème phonatoire : elle pousse des cris, proches de l'aboiement d'un chien blessé. L'examen médical ORL n'a pourtant révélé aucune anomalie même au niveau des cordes vocales. Marine, elle, s'est soudain mise à boiter, sans présenter par ailleurs aucune lésion ou déformation. Leurs cas respectifs me semblent pourtant simples.

Lucie crie et aboie depuis la mort de son petit frère de 6 ans. Il a été électrocuté sous ses yeux en touchant une ligne à haute tension dans les Pyrénées-Atlantiques. Il a poussé un cri violent et il est mort. Lucie n'a pas bougé, attendant avec beaucoup de sagesse que les secours viennent détacher le petit garçon inanimé. Dans les semaines qui ont suivi, elle s'est mise à aboyer comme pour rappeler le cri mortel et définitif de son frère.

Il existait, entre les deux enfants, une rivalité fraternelle assez forte. A la naissance du garçon, les parents avaient en effet, de manière plutôt maladroite mais, hélas, fréquente, idéalisé son sexe masculin, Lucie se sentant alors reléguée au second plan. Impression renforcée par le fait que le bébé a présenté très tôt des troubles du sommeil importants qui préoccupaient beaucoup les parents, lesquels se sont mariés lors de cette seconde naissance, tenant le nourrisson dans les bras, comme si cette naissance-là signait, davantage que celle de Lucie, l'union du couple. Si Lucie, qui avait toujours été une enfant très tranquille et sans problèmes, avait beaucoup désiré l'arrivée d'un petit frère, elle l'avait vite regrettée, se sentant dépossédée de l'amour et de l'attention de ses parents.

Une fois déjà, alors qu'elle portait son frère, la fillette l'avait laissé tomber, chute qui avait valu l'hospitalisation de l'enfant pour une bosse sérosanglante sans gravité. Mais cet épisode allait pourtant aggraver la culpabilité de Lucie, comme si son geste involontaire manifestait ouvertement son désir de mort inconscient sur son petit frère. En assistant à sa mort réelle, sans rien faire pour le secourir, elle a eu l'impression de le laisser tomber une seconde fois. Et comme il lui arrivait, comme à tous les enfants, de souhaiter la disparition de son petit frère, elle a eu le sentiment que tout ça était arrivé à cause d'elle.

Née d'une union libre, Marine, 9 ans, n'a jamais connu son père. Peu de temps après sa naissance, sa mère a voulu refaire sa vie, mais, gênée par cette enfant, elle l'a confiée à sa propre mère, avant de disparaître définitivement et ne plus donner aucun signe de vie. Marine est donc élevée depuis toujours par sa grand-mère.

Suite à une agression avenue de la République — on a essayé de lui arracher son sac, mais elle ne l'a pas lâché —, celle-ci souffre d'une fracture du fémur nécessitant une hospitalisation pour une prothèse de la hanche. Elle refuse énergiquement que Marine soit confiée à sa mère puisqu'elle a par ailleurs entrepris une procédure terrible pour la destitution de l'autorité parentale de sa propre fille. Sans tenir compte de cette démarche, les travailleurs sociaux se sont, dans un premier temps, obstinés à restaurer un lien visiblement défectueux entre Marine et sa mère, plongeant alors la grand-mère dans un état dépressif, avec sentiment de préjudice et de complot contre elle. On peut ici se demander pourquoi s'entêter à renouer à tout prix des liens lorsqu'ils sont rompus de manière évidente. Garde-t-on un bout endommagé pour assurer la sécurité d'une embarcation ? Il y a à réfléchir sur la prise de parti des travailleurs sociaux, qui n'ont peut-être pas toujours réglé leurs propres conflits familiaux et les projettent sur les cas qu'ils ont à accompagner.

La grand-mère devant malgré tout être opérée, Marine est finalement placée dans un foyer. Elle a refusé la famille d'accueil, en protestant : « Ma famille, c'est ma grand-mère. » C'est au moment de son placement qu'elle s'est mise à boiter, pour ne pas être abandonnée et s'identifier de manière massive à celle qu'elle considère comme sa véritable mère. Comme si, en ayant la même maladie et la même affection — le mot est à prendre dans les deux sens — que sa grand-mère, elle avait l'espoir d'être hospitalisée en même temps. Pourquoi d'ailleurs ne pas prévoir une possibilité d'accueil, à l'hôpital, pour les enfants isolés dont les parents ont besoin de soins ? L'inverse se développe de plus en plus, mais la notion d'hospitalisation et de prise en charge famille-enfants doit encore progresser.

Parce qu'elles me paraissent présenter la même pathologie, je pense spontanément à mettre ces deux fillettes face à face. Cela fait partie de la stratégie thérapeutique habituelle : dans les groupes, les patients s'étayent mutuellement, de façon cothérapeutique, comprenant qu'ils ne sont pas isolés dans leur souffrance et leur désarroi.

Je dis donc aux deux petites : « Lucie et Marine, je voulais vous voir, parce qu'il n'y a pas d'explication médicale à votre état, mais je crois quand même que j'ai compris ce qui vous arrive. Toi, Lucie, tu aboies en souvenir de ton petit frère mort. Tu somatises, c'est-à-dire que tu parles avec ton corps et ta voix la douleur et la peine d'avoir perdu ton frère. Et toi, Marine, tu boites pour ressembler à ta grand-mère, pour ne pas avoir l'impression d'être abandonnée par elle comme tu as été abandonnée réellement par tes deux parents. »

La scène se passe un samedi matin. Après quoi, je pars en week-end dans le Var.

A mon retour à l'hôpital le lundi, la jeune femme de l'accueil me signale que le patron veut me voir d'urgence. Je me précipite au onzième étage et là, devant toute la visite constituée — médecins, internes, infirmières —, le chef de service se précipite sur moi et m'étreint longuement. Un peu interloqué, je subis l'assaut, me demandant si le comportement pour le moins étrange de cet homme pour qui j'ai le plus grand respect ne révèle pas une homosexualité tardive !

Enfin, il relâche son étreinte et lance à la cantonade : « Voilà un vrai pédopsychiatre ! Lucie n'aboie plus et Marine ne boite plus. »

Loin de me satisfaire, cette nouvelle m'inquiète : comment aurais-je pu guérir aussi rapidement des enfants si profondément touchées dans leur inconscient et leur problématique anxieuse ?

La suite des événements va malheureusement me donner raison. Quelques jours plus tard en effet... Lucie s'est mise à boiter et Marine à aboyer !

Cet échange de symptômes entre les deux mignonnes est tout à fait exceptionnel — encore que, dans les hôpitaux, il n'est pas si rare que les adolescents prennent les symptômes des uns des autres, par simple contamination — et, bien que fugace, il m'a fait comprendre le mécanisme psychologique du déplacement.

« Aboie » (Lucie) a en effet une structure un peu hystérique, elle a besoin de se donner en spectacle. « Boite » (Marine) a été happée par cette hystérie, un peu comme tous les gamins qui chopent les tics et les expressions de leurs copains.

L'histoire montre bien que la suppression rapide du symptôme entraîne le plus souvent un déplacement. Le symptôme est remplacé par un autre car il a été créé par une souffrance psychologique et sa disparition ne guérit pas la douleur. Ce qu'il faut, ce n'est pas chercher à éradiquer le symptôme, mais à progresser avec le patient pour apaiser la tension psychique qui l'a créé.

Voilà pourquoi, dans un premier temps, j'étais curieux de la spectaculaire « guérison » de Lucie et Marine. Furieux contre moi-même et contre ma volonté de guérir à tout prix quand Freud dit lui-même que la guérison vient de surcroît.

Les petites ont donc été suivies plus longtemps et en profondeur. Lucie va très bien et fait des études de mathématiques à un niveau élevé. Marine est devenue soignante, j'allais écrire évidemment, parce que petite déjà, elle voulait absolument soigner sa grand-mère. Etant désormais majeure, elle peut se passer des travailleurs sociaux et est libre de choisir avec qui elle veut vivre. Elle est donc encore avec sa grand-mère, qui est définitivement sortie de sa dépression mélancolique.

Le souffle vital

Audrey a 6 ans. Avant la consultation, sa mère désire me parler en tête à tête : son mari s'est noyé mais elle n'a jamais dit la vérité à sa fille.

La vérité telle qu'elle me la raconte, la voici : son mari et elle venaient d'acheter un Zodiac qu'ils avaient décidé d'inaugurer par une sortie à Port-Miou, une calanque magnifique, avec un pin superbe — comme dans la chanson —, des rochers blancs, très abrupts, et un cap interminable, grand ouvert au mistral. Justement, le jour de leur première sortie, ils sont surpris par ce mistral et alors qu'ils font demi-tour afin de regagner la rive, le moteur tombe en panne. Ils essaient différentes manœuvres pour le remettre en marche, en vain. Tandis qu'ils se penchent pour voir ce qui se passe, le bateau chavire. En tombant, le mari cogne le moteur qui lui heurte violemment les côtes, provoquant, on le diagnostiquera plus tard, une lésion de la plèvre. Sous le coup du choc et de la douleur, il a du mal à respirer, ne peut plus nager. Bien sûr, sa femme le soutient, le tire, tente de le ramener vers le rivage, mais elle s'essouffle à son tour et, à bout de forces, finit par le lâcher pour pouvoir se sauver.

« Que fallait-il que je fasse ? me demande-t-elle.

Que je laisse ma fille orpheline en me noyant avec lui ou que je me sauve pour la rejoindre ? »

Parce qu'il était sans doute trop douloureux pour elle de dire à Audrey les circonstances exactes de la mort du père, elle a préféré parler d'une blessure grave puis d'une mort en réanimation.

C'est sur les conseils du médecin généraliste que cette femme vient consulter : tous les soirs en effet, Audrey a du mal à respirer, elle dit qu'elle manque d'air et a visiblement du mal à le trouver. Pourtant, elle ne présente aucune lésion pulmonaire ou asthmatique. Deuxième motif de la consultation : la fillette ne parvient pas à se détacher de sa mère, à laquelle elle reste collée, incapable de s'en séparer ne serait-ce que quelques instants. Elle refuse d'aller chez une tante ou une amie, s'inquiète de façon exagérée dès que sa mère a quelques minutes de retard à la sortie de l'école, s'inquiète encore lorsque celle-ci reste trop longtemps au téléphone à son gré.

Pour le psy, une histoire pareille paraît d'une évidente limpidité : aussi fou et incroyable que cela puisse paraître, Audrey, qui ignore la vérité sur la mort de son père, se met à étouffer, comme lui, comme pour culpabiliser encore un peu plus sa mère qui se sent responsable et coupable de la disparition de son mari. Donc elle somatise avec le corps l'anxiété dont la mère ne lui parle pas mais qu'elle sent malgré tout. Rappelons que le symptôme n'est jamais là par hasard, il est toujours raccroché à un événement psychique interne ou à un événement traumatique externe. Il apparaît lorsque le sujet se trouve dans une impasse de compréhension, pour donner du sens à ce qu'il ne peut pas exprimer au niveau psychologique. Le psychisme apaise alors son anxiété en créant un symptôme, un peu comme le délirant plonge dans le délire qui le protège d'un monde qui, pour lui, s'effondre. Le symptôme protège donc l'anxieux de quelque chose qu'il ne peut plus mentaliser ou organiser au plan psychologique. Parce que c'est une protection, il faut faire attention de ne pas trop l'attaquer pour le faire disparaître à tout prix : on laisserait alors le patient sans défense. On se retrouve ainsi, une fois encore, à l'opposé de la médecine. Le médecin diagnostique le symptôme et s'emploie à le faire disparaître. Le psychiatre, lui, le repère et s'efforce de lui donner un sens afin que le sujet n'en ait plus besoin. Si guérison il y a, elle se fait par la signification et non pas par l'éradication.

Evidemment, pour moi, tout cela paraît simple, mais ça ne veut pas dire que la guérison est assurée. Encore faut-il qu'Audrey puisse comprendre. L'interprétation psychique, c'est formidable, mais, pour guérir, il faut aussi que le patient comprenne pourquoi il a ce fonctionnement. Et, là, on n'est plus dans le domaine de l'interprétation ! Si on dit au patient : « Tu es comme ça ou tu fais ça parce que ton père, parce que ta mère... », on impose une interprétation au scalpel qui risque d'être stérile. Donc, je ne dis pas à Audrey : « Tu ne respires plus le soir parce que ton père est mort en étouffant et que ta mère se sent coupable ! » Je préfère laisser la mère raconter l'accident et je me contente d'ajouter : « Ta maman avait le choix de mourir elle aussi, parce qu'elle n'arrivait plus à nager contre le mistral en remorquant ton père. Ou de le laisser se noyer seul pour vivre avec toi. » Une façon de signifier que l'instinct de vie et l'instinct maternel ont été choisis au détriment de la mort romantique avec l'homme qu'on aime. Et, à partir de là, Audrey cesse d'avoir des difficultés à respirer avant de s'endormir, elle dit qu'elle pense moins à son papa... Elle est maintenant certaine que sa mère la préfère, elle, comme s'il y avait une curieuse rivalité entre cette petite fille et son père disparu. La mère aussi est soulagée, car le symptôme d'Audrey lui rappelait sans cesse le drame.

En revanche, elle continue à avoir du mal à se séparer de sa mère. Celle-ci, se sentant coupable de la disparition de son mari, est d'autant plus dépendante de l'évolution et de l'affection de sa fille. La gamine, vive, remarquablement intelligente, le sent et elle s'engouffre dans cette brèche-là. Elle reste collée à sa mère comme pour dire : « Tu ne peux pas me quitter, tu ne peux pas me lâcher comme tu as lâché papa. Moi, je ne te lâche pas, je t'étreins, je t'agrippe, mieux que papa qui n'a pas su tenir. » Cet attachement excessif est sans doute dû à la disparition brutale du père et au fait que la mère s'est vue dans l'obligation de tenir les deux rôles. Peut-être aussi que cette fusion existerait même si le père était encore vivant. Mais elle prend d'autant plus de force et de sens que le père est mort, justement. Audrey l'exprime en affirmant, catégorique : « Je ne veux pas que ma mère ait un ami. Mais, moi, j'ai deux fiancés. » Deux hommes pour elle, pour mieux interdire à sa mère d'en avoir un seul ; deux êtres imaginaires pour représenter le père perdu autant que pour éviter un tiers réel qui serait son père d'accueil mais aussi le compagnon de sa mère. Si celle-ci investit un homme, il ne peut être pour Audrey qu'un rival menaçant. Vivant, contrairement au père à qui elle a été « préférée », il pourrait prendre sa place auprès de la mère qui risquerait alors de lâcher sa fille, la mettant ainsi en danger de mort.

La difficulté respiratoire a disparu et, contrairement à ce que l'on observe fréquemment, Audrey ne fait pas de déplacement de symptôme. Elle pourrait se mettre à tousser, ou à cligner des yeux, ou à avoir mal aux côtes, mais rien de tout cela ne se produit. En revanche, elle est en proie à une vive anxiété : jusqu'alors, sa difficulté respiratoire la protégeait de toutes les autres peurs normales de la petite enfance — ce en quoi le symptôme est pratique : il permet de focaliser la peur. Il est plus facile d'avoir peur parce qu'on étouffe, même si c'est douloureux, que d'avoir peur tout court, en général, de tout.

De ces peurs-là, Audrey va à présent devoir faire la gamme, avec cette particularité qu'elle a une peur très vive de l'abandon, et à juste titre : son histoire lui a en quelque sorte donné la confirmation que les parents peuvent abandonner la personne qu'ils aiment, donc qu'ils peuvent abandonner leur enfant aussi. Avouez que ce n'est pas très rassurant pour une gamine ! Pour elle c'est une crainte terrible, fixée, organisée de manière phobique, qui l'empêche de quitter sa mère plus de quelques instants.

Pourtant, peu à peu, au fil des séances qui accompagnent un développement par ailleurs harmonieux et satisfaisant, Audrey va apprendre à se détacher de sa maman, acceptant même de me voir seule en consultation, ce qui était inenvisageable auparavant. Elle va prendre de l'assurance, apprivoiser ses craintes, allant jusqu'à reconnaître que ses deux fiancés « c'était pour de faux » mais qu'elle en voudrait bien « un vrai », un jour ou l'autre.

Dernière séance avec Audrey. Je lui parle d'abord de façon très banale, « Comment vas-tu ? Et à l'école ? », tout va bien, elle répond, anticipe, se projette vers l'avenir. Puis j'aborde un sujet plus délicat : « Est-ce que tu peux, avec prudence, te séparer un tout petit peu de ta mère ? » A ce moment-là je sens son émotion, sa fragilité, alors je n'insiste pas, je repars dans d'autres questions plus anodines, pour ne pas aller là où l'interprétation fait mal, labourer ses blessures, maintenir son malheur et la laisser se débattre avec le silence. Quand elle souffre, je n'ai pas intérêt à la laisser se déprimer et souffrir davantage ; la dépressothérapie ne me paraît pas être une bonne attitude. Dès que je sens que j'ai touché juste, je donne vite des possibilités de fuite ou de relance pour qu'elle aille un peu plus loin dans l'élaboration de sa pensée, plutôt que de pleurer en ressassant son malheur.

Lorsque je lui demande enfin si sa mère va mieux, elle me répond « oui » mais son menton se met à trembler, ses yeux s'embuent de larmes. Alors je sors mon seul médicament, un Kleenex — j'en ai des paquets dans mes tiroirs —, et je lui dis que je m'étonne de son émotion : « Ta maman va mieux et ça te fait pleurer, c'est donc que, toi, tu veux toujours que les choses n'aillent pas trop bien, pour que vous restiez toutes les deux proches du malheur que vous avez vécu. » Même si elle n'est pas juste, cette remarque l'apaise, parce que je mets des mots et des explications sur son désarroi, comme pour ouvrir une porte de sortie. Nous touchons peut-être là à la différence majeure entre la psychothérapie d'adultes et la psychothérapie d'enfants. L'adulte supporterait mal ma proposition et mon interprétation, parce qu'il aurait les siennes propres. L'enfant qui a, de toute façon, l'habitude de réagir avec des adultes, accepte ce que je lui dis, parce qu'il sent une bienveillance de ma part, il devine que je veux comprendre et expliquer. Finalement, c'est un peu comme à l'école quand on pose des questions aux enfants pour qu'ils découvrent : « Tu ne comprends pas ? Alors je vais te donner une explication de plus pour t'aider. » C'est cela la pédagogie et il y a une part de pédagogie dans la psychothérapie. J'aide Audrey — et les autres — à cheminer dans les méandres de son psychisme. J'ouvre des pistes, des chemins latéraux, dans lesquels elle est libre de s'engouffrer ou pas, mais cela me semble tout de même mieux de marcher sur une route qui offre des issues plutôt que sur une route toute droite et toute tragique qui ramène toujours à l'image du père disparu.

Je crois bien que je ne guéris pas Audrey. J'attends avec elle, je l'accompagne pour qu'elle puisse un jour se séparer de son symptôme, de sa mère et de moi aussi. En psychothérapie, il faut savoir donner du temps au temps. Avec Audrey, je sais qu'il est mon allié, une arme, comme l'adolescence qui viendra la détacher de sa mère afin qu'elle puisse vivre sa propre vie et oublier autant que faire se peut ce père disparu tragiquement.

Pour l'instant, elle est en phase de latence : de la souffrance maternelle, elle peut faire son métier, « Maman souffre et moi, comme je suis la petite fille qu'elle a choisie, je dois être parfaite. Parfaite à l'école et parfaite dans le malheur. » Peut-être croit-elle qu'elle ne peut pas être parfaite si elle ne souffre pas de la mort du père : elle s'efforce en quelque sorte d'être conforme à la douleur et au choix de la mère.

Je la laisse partir, conscient que son passé la pollue, qu'elle est en quelque sorte arrimée à un drame qui l'empêche d'évoluer autant que ses capacités intellectuelles le lui permettraient. Mais, à la vue de ses progrès, même ténus, dans la séparation, j'ai confiance quant à son devenir.

Devant un tel cas, certains de mes collègues auraient pu avoir une approche totalement différente et vouloir traiter la mère plus que la fille, arguant du fait que « le deuil impossible et pathologique de la mère entraînait des somatisations chez sa fille ». Moi, je ne réagis pas ainsi. Il est sûr que si la mère avait un deuil plus organisé, les choses seraient différentes. Mais il s'agit là d'un deuil redoutable, où la culpabilité, paralysante, est entretenue par la fille qui, en manifestant son anxiété à se séparer, ne fait que renforcer sa mère dans l'idée qu'elle a abandonné son mari. Pour elle aussi, le fait de refaire sa vie équivaut sûrement à abandonner Audrey après avoir abandonné le père. A mes yeux, c'est donc Audrey qui, en changeant, va donner à sa mère la possibilité de rebondir. La problématique est à Audrey, pas à la mère. Celle-ci est piégée par sa fille dans une relation symbiotique. Coupable d'être seule parce qu'elle a lâché son mari dans l'eau, elle est la victime désignée de sa fille qui colle à elle. L'agresseur fusionnel, c'est Audrey. Je m'occupe donc d'elle exclusivement, tout en sachant que la mère en retirera des bénéfices.

Les malheurs d'Elsa

Elsa m'est envoyée par le pédiatre pour des crises de coliques idiopathiques. Idiopathique signifiant « qui n'a pas de cause », il s'agit donc de présumées douleurs vécues par le nourrisson qui se manifestent par des pleurs, des contractures abdominales, des tensions, mais sans diarrhée, laissant présupposer un mal de ventre dont on cherche à trouver la cause.

A 3 mois, Elsa fait douze à quinze crises de coliques idiopathiques par jour : elle pleure, se tord de douleur et vomit, de jour comme de nuit, forçant sa mère, inquiète du devenir de son enfant, à appeler le pédiatre. Tous les examens médicaux (toucher rectal, scanner abdominal...) n'ayant révélé aucune lésion organique, il faut bien conclure à une manifestation psychosomatique.

Au comble de l'inquiétude, la mère me raconte son histoire. Il y a trois ans, son petit garçon, âgé de 3 mois lui aussi, a été conduit à l'hôpital en urgence parce qu'il vomissait sans raison apparente. Là, il s'est cyanosé, puis il est mort, les vomissements étant dus, en fait, à une malformation cardiaque non décelée.

Quelque temps plus tard, la mère est allée, seule,

au CECOS[1] pour demander un don de sperme afin d'avoir un autre enfant. Mais sa demande a été refusée... Enfin, elle a rencontré un Tunisien avec qui elle a eu une liaison. Très vite, elle n'a plus eu ses règles, pourtant elle dit s'être aperçue très tard qu'elle était enceinte. Le père est venu voir sa fille à la naissance puis il a disparu.

La suite de son récit apporte encore un autre éclairage sur son histoire. La mère d'Elsa n'a pas connu son père et a été élevée par sa mère qui, elle-même, avait été élevée sans père. Cette dernière présente des tendances dépressives, alternant périodes d'anorexie et de mélancolie. La mère d'Elsa avait commencé ses études de médecine, mais le jour du concours, sa propre mère a fait une tentative de suicide et elle a dû renoncer, se contentant de devenir infirmière, activité qu'elle a abandonnée depuis la naissance d'Elsa.

Ce premier temps de l'entretien est fondamental. Le symptôme digestif d'Elsa impose à cette femme de se retrouver dans la situation qu'elle avait vécue avec son premier enfant, situation répétitive et tragique. Le petit garçon était venu interrompre un matriarcat sur plusieurs générations, une chaîne de femmes. Le deuil de ce bébé était à ce point insupportable que la mère a souhaité un autre enfant, mais avec un don de sperme, comme pour annuler l'homme en quelque sorte, et prolonger ces familles monoparentales féminines, seul modèle qu'elle connaît.

Enfin, les difficultés alimentaires d'Elsa, qui recrache tout ce qu'elle peut avaler, renvoient la mère à sa filiation et à sa propre mère qui, parfois, refuse absolument de s'alimenter.

Ce récit me suffit pour avancer un début d'expli-

1. Centre d'étude et de conservation du sperme humain.

cation. Le plus naturellement du monde — si l'on peut dire ! —, Elsa a développé un symptôme identitaire, qui la rattache à cette famille particulière : elle ne mange pas, comme sa grand-mère, ses vomissements risquent de la faire mourir, comme son frère.

Je verrai Elsa et sa maman cinq fois, pour cinq séances de deux heures. Nos échanges tourneront de plus en plus autour des capacités — excellentes — de la petite fille et de son développement. Mais dès la première consultation, les crises de coliques idiopathiques cesseront.

On est là dans un domaine qui échappe à toute rationalité, celui de l'interaction mère-nourrisson. A l'évidence — pour nous, la secte des psychothérapeutes ! —, Elsa, de manière presque magique, somatise l'anxiété de sa mère. Elle exprime avec son corps ce qu'elle ne peut formuler en mots.

Pour essayer de comprendre ce qui se passe, il faut rappeler qu'à la naissance, le bébé est dans une relation d'objet fusionnel : il est à la fois sa mère, son père, la pièce dans laquelle il se trouve, le biberon et le lait qu'il boit. Petit à petit, il fait de nombreuses conquêtes qui vont l'amener à un stade où il se représente comme différent d'autrui, c'est-à-dire qu'il devient, non plus un objet, mais un sujet. Pour y parvenir, le bébé est à l'affût de toutes les informations que lui donne le monde extérieur. Il repère les aspérités, les choses singulières que l'entourage dispense et auxquelles il s'accroche, sans se préoccuper de savoir ce qui est bien ou moins bien. Lorsqu'on est mère ou père, on ne peut pas filtrer, ne donner que ce qui est bon, et le bébé, lui, capte ce qu'il y a en nous de plus original et de plus remarquable. Ainsi Elsa va-t-elle percevoir l'anxiété de sa mère, mais comme elle n'analyse pas encore, elle croit que c'est un mode parfait de communication et d'expression interactive. Et, d'une certaine façon, elle n'a pas tort : grâce à ces crises de coliques idiopathiques, Elsa parvient à attirer l'attention de sa maman. Plus elle a mal au ventre, plus elle crie et pleure, plus la mère la prend dans ses bras et la cajole. Donc elle en tire un bénéfice et elle risque de maintenir ses crises qui apparaissent effectivement comme un moyen d'avoir un supplément d'informations et de sollicitations maternelles. De son côté, la mère risque d'être de plus en plus en proie à l'anxiété qu'elle a elle-même transmise.

Reste une question, à laquelle il est difficile de répondre de façon rationnelle : par quel miracle une seule séance a-t-elle réussi à faire disparaître les crises d'Elsa ? Je n'ai soigné ni le bébé ni la mère, mais l'entre-deux, ce qui se joue dans la rencontre de ce bébé-là avec cette mère-là. Grâce aux hypothèses théoriques de la psychologie génétique — qui, malgré son nom, n'a rien à voir avec la génétique ; il s'agit en fait de psychologie développementale généalogique, dont le fondateur est René Spitz et le plus éminent représentant actuel Terry Brazelton —, on sait que le bébé est doué de compétences qu'il exprime dans l'interaction avec la mère et le père. Certaines choses émanant du bébé sont repérées par la mère, d'autres par le père et, à l'inverse, certaines particularités émanant soit du père, soit de la mère, sont repérées et agies par le nourrisson. Par exemple, quand on prend un bébé dans les bras, il reconnaît à qui ces bras appartiennent et s'ajuste, en poussant avec le dos de façon singulière, selon qu'il s'agit du père ou de la mère. C'est ce que l'on appelle le dialogue tonique, par lequel le bébé affirme de plus en plus la reconnaissance de ses deux parents. De même, il reconnaît l'odeur de chacun : si on lui présente plusieurs cotons avec des odeurs d'aisselle, neuf fois sur dix il repère l'odeur maternelle et néglige les autres odeurs. De même encore, il reconnaît le goût du lait de la mère plus vite que les autres laits, reconnaît le son unique de sa voix, reconnaissance qu'il manifeste en accrochant le regard, en réagissant, en manifestant à sa façon son intérêt pour cette voix plus que pour toute autre. On voit ainsi que le bébé possède un socle de compétences, de possibilités d'interagir ; les parents les repèrent et de cet échange vont naître les progrès, le langage, la reconnaissance et l'autonomie.

On imagine sans peine l'anxiété de la mère face à sa toute petite fille malade qui lui rappelle douloureusement la mort de son premier enfant. Mais l'anxiété était déjà présente avant que ne se développent les coliques idiopathiques : face à Elsa, la mère était déjà pleine d'angoisse quant à son devenir.

Donald Winnicott affirmait que, face au nouveau-né, les sentiments des parents se répartissent en 60 % d'amour et 40 % de haine. Pourquoi ? Parce que la naissance d'un bébé est bien une joie, mais elle s'accompagne aussi de tout un processus de deuil, car l'enfant réel n'est jamais semblable à l'enfant idéal qu'on avait imaginé pendant la grossesse et il va falloir l'accepter tel qu'il est. Ce qu'on sait moins c'est que l'enfant nous remet face au bébé que nous avons été. Mais faute de souvenirs conscients, nous voilà contraints, malgré nous, d'imaginer et de projeter ce que nous croyons avoir été. Des histoires pareilles peuvent, hélas, entraîner beaucoup de dégâts. La mère d'Elsa, par exemple, se revoyait bébé d'une mère maniaco-dépressive, bébé insatisfaisant puisque incapable de sortir la mère de son déséquilibre. Inconsciemment, elle se souvient donc de ses failles, de son incapacité à répondre aux attentes de ses parents, voire même de ses grands-parents, et elle croit repérer chez sa fille les mêmes failles, les mêmes incapacités. C'est ainsi que durant nos entretiens, j'observais une certaine agressivité de sa part envers Elsa, oh ! presque rien, mais révélatrice cependant de son état d'esprit : une fois où le bébé jouait avec l'anse de son couffin, elle la lui a arrachée brutalement... Je profitais alors de ces occasions pour insister au contraire sur les capacités de la fillette, sur son développement, et cette manière d'attirer l'attention maternelle.

Le seul fait de raconter son histoire devant elle permet à Elsa d'abandonner ses symptômes. Comme si elle réalisait qu'elle n'en avait plus besoin pour capter l'attention maternelle. Je ne crois pas qu'Elsa, ni aucun nourrisson de 3 mois, comprenne ce que la mère raconte, bonheurs ou malheurs, mais je suis sûr, en tout cas, que le nourrisson est sensible au ton, à la prosodie et à la musicalité des propos qu'on lui tient.

Je comprends pour ma part que vous puissiez être étonnés par ce petit bébé de 3 mois qui abandonne des symptômes qu'elle ne comprend pas. Elle n'a pas de capacités langagières et je vous demande d'admettre que le langage la guérit ! Mais c'est un peu plus subtil que cela : parlant enfin de son anxiété, de ses craintes d'une maladie mortelle comme celle de son premier enfant, sa mère éprouve une sorte d'apaisement. Elle est moins tendue, moins affolée, et cela se perçoit dans les choses de la vie quotidienne. Ce n'est donc pas l'échange verbal que nous avons en sa présence qui guérit Elsa mais l'intimité retrouvée, différente, entre sa mère et elle. On ne peut d'ailleurs pas raisonnablement penser, sauf mégalomanie intense, que tout se joue durant les trois quarts d'heure de séance, fût-ce trois fois par semaine. La psychothérapie n'a d'intérêt que dans ce qui se joue après, dans la vie quotidienne relancée par ce que permettent l'interprétation et la psychologie.

Loin de me paraître pathologique, la somatisation d'Elsa me semble, au contraire, normale. Petit être doué de communication, elle a trouvé ce moyen-là, un peu outré et un peu distordu, pour renforcer la relation avec sa mère. Et, lorsque les inquiétudes de sa mère se sont apaisées — parce qu'il n'y a pas eu répétition de la maladie de son petit garçon, parce que sa fille ne présentait aucune lésion organique et parce qu'elle a pris conscience des capacités de cette dernière —, Elsa a pu abandonner son système et communiquer autrement.

Il s'agit là de ce qu'on appelle l'accordage mère-enfant. A savoir qu'il faut qu'il y ait accord, au sens harmonique musical, entre ce que l'enfant émet et ce que produit la maman et inversement, entre ce que produit l'enfant et ce qu'émet la maman.

A la fin de la cinquième séance, c'est la mère elle-même qui a déclaré : « Cela ne sert plus à rien... Elsa va bien, je vais reprendre le travail... Que pensez-vous d'une mise à la crèche ? » Bien entendu, j'étais d'accord. Reprendre le travail va lui permettre de se dégager un peu plus de sa préoccupation maternelle primaire, qui risquait de fixer ou de déplacer le symptôme d'Elsa. La mise à la crèche offre parallèlement à la fillette la possibilité de se séparer de sa mère et d'avoir d'autres contacts qui, bien que moins privilégiés, sont nécessaires dans le processus d'individuation. La directrice de la crèche nous fera d'ailleurs part de la bonne évolution de sa nouvelle recrue et de son absence de symptômes.

Je n'ai plus jamais revu Elsa qui, elle-même, n'a plus jamais revu aucun psychiatre. Sans doute ne se rappelle-t-elle même pas être venue me voir plusieurs fois lorsqu'elle avait 3 mois. Elle a 18 ans aujourd'hui, elle a eu un petit frère et sa mère semble épanouie dans son activité professionnelle, c'est ce que m'a confié le médecin qui continue de la suivre, parce que nous sommes particulièrement curieux du devenir de ce genre de somatisations extravagantes.

L'histoire d'Elsa est la preuve qu'il faut croire à la réussite de certaines psychothérapies brèves mère-nourrisson. Fracas du symptôme et non-continuité se retrouvent souvent chez les tout-petits. Les symptômes les plus éclatants sont alors ceux qui cèdent le plus vite et de façon tout aussi éclatante.

Les esprits chagrins peuvent émettre des réserves sur cette histoire : « Bof, si c'était aussi peu grave, ça aurait guéri tout seul. » Eh bien, non ! Parce que, au moment de venir nous consulter, la mère était au bord de faire hospitaliser la petite Elsa. Et elle, séparée de sa maman, aurait pu somatiser de plus belle et la mère s'angoisser davantage, et ainsi de suite... La consultation a été non seulement curative mais aussi préventive puisque Elsa n'a jamais eu besoin de consulter à nouveau. Voir un psy précocement, c'est faire acte de prophylaxie !

Remarquons toutefois qu'il n'y a rien de commun entre un nourrisson qui naît avec une malformation ou une lésion organique et un enfant qui somatise. Une sténose du pylore par exemple n'est pas une conversion somatique. Elle nécessite une intervention chirurgicale précoce, à l'issue de laquelle les symptômes cessent immédiatement. Alors que les coliques idiopathiques peuvent se poursuivre ou se transformer en vomissements, malaises, tout un ensemble de conversions au niveau du corps de quelque chose qui a à voir avec l'anxiété.

Cela pose la question de la maladie psychosomatique. Dans le cas de l'asthme par exemple, je crois qu'il faut être doué d'asthme au plan biologique pour pouvoir l'exprimer au plan psychosomatique. *A contrario*, est-ce que des troubles psychologiques peuvent créer des lésions organiques ? Il me semble que la psychosomatique est l'expression d'une potentialité organique que l'on n'exprimerait pas si l'on n'était pas anxieux. Dans une famille, on peut, biologiquement, être doué d'asthme ; cependant certains vont devenir asthmatiques, d'autres non. Ce qui compte c'est l'expression de la maladie sur un terrain organique déjà favorable. Il est faux de penser que le seul psychisme suffit à créer une maladie quand il n'y a pas de terrain.

L'ENFANT ET LA LOI

L'enfant est aussi un être social. Son imagination va parfois être confrontée aux conflits familiaux et aux histoires tragiques de la vie. Là encore, l'interprétation va permettre de disloquer le cadre, fût-il aussi rigide que celui du juridique. Tout n'est pas joué et la loi elle-même ne suffit pas.

Les bons pédopsychiatres
ne font pas forcément de bons experts...

C'est une adolescente, fille de parents divorcés.
Depuis l'âge de 3 ans, elle vit avec sa mère. Elle a
aujourd'hui 13 ans et son père réclame le droit de
garde. Avant de prendre sa décision, le juge aux
affaires familiales me demande un avis d'expert.

Je reçois d'abord le père. Industriel de la ban-
lieue marseillaise, il a quitté sa première femme
pour une autre avec qui il est maintenant marié
et dont il a un petit garçon. Il dit qu'il est prêt à
accueillir sa fille, sûr de pouvoir lui offrir une vie
confortable, compte tenu de sa situation sociale et
de leurs bonnes relations. Mais il s'avoue pessi-
miste quant à l'acceptation de son ex-femme.

Je reçois ensuite la mère et la fille. La première
est employée, modeste, effacée, elle n'a pas refait
sa vie et, des années après, semble souffrir encore
de la séparation. Elle redoute l'attirance de sa fille
pour le confort matériel et considère toute cette
démarche comme une manipulation du père.

Dès le début de notre entretien en tête à tête,
l'adolescente m'impose le secret en me déclarant :
« Je veux vivre chez mon père, mais si vous dites
ça, ma mère ne me le pardonnera jamais. » Je n'ai
donc plus d'expertise à faire puisque d'entrée de
jeu, elle me met dans la confidence et me confie
son désir.

Me voici bien embarrassé, car tenu à la confidentialité, je suis censé ne rien répéter de ce que Clémence m'a dit. Donc, je rédige un rapport d'expertise standard, d'une grande banalité, sans rien proposer. Quelque temps plus tard, j'appelle le juge pour lui demander ce qu'il pense de ma mission. Silence embarrassé à l'autre bout du fil. Je reconnais que mon intervention ne doit pas lui apporter grand-chose, il acquiesce, enfonce le clou ; alors je lui explique le pourquoi de ma neutralité. Après avoir été invalidé en tant qu'expert, j'essaie d'obtenir l'appui du juge afin qu'il prenne une décision favorable à l'enfant, sans nuire à la mère qui risque fort de se sentir attaquée par cet avis judiciaire.

Voilà une situation banale en cas de divorce : à l'adolescence, les enfants ressentent souvent le désir d'aller vivre quelque temps chez le parent qui n'a pas obtenu le droit de garde. Désir naturel de voir comment ça se passe ailleurs et qu'il est assez facile d'exprimer quand les deux parents ont, chacun de leur côté, fait le deuil de l'autre. Si l'un des deux ne l'a pas fait, l'adolescent se retrouve dans une situation impossible et, la plupart du temps, il va vouloir rester auprès du plus fragile, celui qui a le plus besoin de lui.

Là, c'est différent. Même si Clémence se sent coupable de préférer le confort que peut lui offrir son père à la vie terne et un peu triste que lui fait vivre sa mère, elle ose le dire. Moi, je dois respecter ce choix parce qu'il est d'une grande loyauté : pourquoi demander aux enfants d'être dans la panade, à cause de quelqu'un qui, pour des raisons personnelles, n'a pas réussi à s'en sortir ? Est-ce qu'il faut absolument se noyer sous prétexte que l'autre se noie ?

Dans le fond, le désir de Clémence relève de

l'instinct de survie mais cet instinct la culpabilise, comme toujours. Imaginez : vous voyagez dans un avion qui se crashe. Comme vous êtes assis près de l'issue de secours, vous sautez le premier, tandis que déjà les autres brûlent. Vous n'avez pas dit : « Après vous, madame, mais non, je vous en prie... »

Ce qui est remarquable avec Clémence, c'est qu'elle transgresse sur sa culpabilité pour se donner des chances d'avenir. Elle décide qu'elle a le droit d'être heureuse et elle choisit ce qui lui paraît la meilleure solution pour y parvenir, à savoir le parent avec qui elle se sent le mieux, quitte à faire de la peine à l'autre. Plutôt que de s'enfermer dans la culpabilité et le mal-être, elle ose dire son choix, cherchant ainsi un appui. Voilà pourquoi elle m'apparaît comme un cas rare et presque idéal. Dans leur immense majorité, les enfants du divorce continuent en effet d'adhérer aux conflits et aux identifications morbides du parent faible. Pris dans une situation de double alliance, à la fois acteurs et spectateurs, ils n'arrivent pas à exprimer leur vrai désir, qui leur apparaît comme une transgression, une trahison : ils auraient l'impression d'abandonner un parent.

Sans doute, dans la situation qui la concerne, Clémence sent-elle que son désir est un peu dur à avaler pour sa mère. Si encore cette dernière avait un amant, une vie sociale riche et épanouie, elle pourrait comprendre, même si c'est toujours un peu douloureux. Mais là, la mère va se trouver à nouveau isolée par sa fille qui, ce n'est pas rien, va vivre chez l'homme qui l'a quittée des années plus tôt. Cela fait beaucoup, et risque d'être vécu comme une répétition pénible.

Je crois pour ma part que, divorce ou pas, les enfants finissent toujours par préférer un de leurs deux parents. Mais comme ils ne sont pas idiots, ils ne le disent pas ouvertement. Certains peuvent aller jusqu'à penser : « Tu as bien fait de te séparer... » Clémence n'en est pas là. Elle continue de respecter son père et sa mère quoi qu'il en soit. Elle a de l'affection pour cette dernière, mais elle se sent davantage rassurée par son père.

J'ai donc été mis en échec dans ma situation d'auxiliaire de la justice, puisque Clémence nous a en quelque sorte imposé la décision qu'elle avait prise toute seule. Mais, pour le reste, cet échec aura eu des avantages : c'est moi qui suis apparu comme responsable du changement de domiciliation accordé par le juge. Rien n'a transparu de la volonté de l'adolescente. La mère m'en a-t-elle voulu ? Je l'ignore et pour tout dire, je m'en fiche, l'essentiel étant qu'elle n'en ait pas voulu à sa fille, qui nous a envoyé une carte postale, le jour anniversaire de la date d'expertise : « Je vis chez mon père, je vais bien et je vois régulièrement ma mère. Merci. »

De plus en plus souvent, les juges aux affaires familiales font appel aux pédopsychiatres afin d'avoir une vision plus globale du problème auquel ils sont confrontés dans les histoires de divorce et de droit de garde. Il faut s'en féliciter. Récemment, pour un jugement difficile, pas moins de quatre experts ont ainsi été appelés à rendre des avis. Cela permet sans nul doute de prendre des décisions plus justes dans un réel souci du bien de l'enfant.

Deux signalements pour abus sexuels

Sur la demande pressante de son père, je reçois une jeune fille qui dit avoir subi des attouchements sexuels de la part de son beau-père. Devant moi, elle confirme ses dires ; je propose donc d'effectuer un signalement de l'agresseur, comme cela se fait toujours en pareil cas. Mais le père, avocat, tempère mes ardeurs : « Attendez, je voudrais d'abord discuter avec sa mère, afin qu'elle puisse en parler à l'homme avec qui elle vit. » Ce qu'il me demande est hors la loi : la protection de l'enfance impose en effet de signaler les sévices aussitôt qu'ils sont avoués. Pourtant, je suis heurté et gêné par le plaisir évident que prend la jeune fille à me raconter les attouchements sous la douche, dans le bain, le soir quand sa mère n'était pas là. J'accepte donc de rencontrer la mère et le beau-père et, éventuellement, de procéder à des tests pour étudier la personnalité de la jeune victime. Nous n'aurons pas le temps d'aller jusque-là. L'après-midi même, la psychologue du service m'appelle : tout est faux. La fille a vu une émission de télévision sur l'inceste et a inventé toute son histoire car, ayant eu de mauvais résultats scolaires, elle espérait détourner l'attention.

L'histoire peut paraître choquante si on oublie que l'affabulation, le mensonge, font partie des défenses psychologiques naturelles de l'adolescence. On s'invente des peurs, des terreurs ; on éprouve des désirs, on en reçoit, on les interprète. Un enfant, un adolescent peut tout imaginer, même être victime d'inceste. Et cette invention peut être le signe d'une agressivité contre un beau-père qui le sépare de la mère par exemple. A moins qu'elle ne soit amoureuse de lui ou qu'elle veuille vérifier jusqu'à quel point il a un vrai intérêt pour elle. Il serait temps d'admettre que l'enfant n'est ni le pervers polymorphe décrit par saint Augustin, ni le divin enfant imaginé par Rousseau. Il est le plus souvent un peu des deux, emprunte à chacun, sans être ni un saint, ni un monstre.

A ce détail près que l'affabulation de l'inceste produit des effets dévastateurs dans la famille. Même si on sait que c'est faux, le doute plane : on a du mal à croire à ce que raconte désormais la gamine. La mère regarde son compagnon avec un peu de suspicion : « Et si, malgré tout, ma fille avait inventé tout ça parce qu'il a eu des attitudes équivoques ? » Et le beau-père ne doit pas se sentir au mieux avec cette fille qui probablement lui en veut et cette femme qui le regarde parfois d'un drôle d'air.

Cette adolescente va être suivie longtemps. Par moi d'abord, puis par d'autres. Bien sûr, je la détourne de cette histoire d'inceste, car si j'entre dedans, elle risque de se fixer dans ce qu'elle a raconté. Son mensonge va devenir réalité. Avec le temps, qui peut dire si nos souvenirs sont vrais ou non ?

Le suivi est pénible. Elle a une structure hystérique, c'est-à-dire que son système érotisé du monde, qui est en jeu dans son affabulation d'inceste, continue sous d'autres aspects. Elle fait des vertiges, perd connaissance, prétend que ses profs lui en veulent, que ses copines ne sont pas gentilles, aime un garçon qui ne l'aime pas et la repousse, a en revanche des relations sexuelles avec un autre qu'elle n'aime pas... Elle est toujours dans l'extraversion, provoque le monde pour attirer l'attention sur elle car, plus que ce qu'elle ressent véritablement, c'est l'effet qu'elle produit qui compte.

Une autre petite fille entre un jour dans mon bureau, accompagnée par son père et sa mère. Deux étés de suite, elle aurait subi des attouchements du meilleur ami de son grand-père paternel.

Elle en a parlé à ses parents, mais le père s'est contenté d'imposer un suivi psychiatrique à l'agresseur. Non pas qu'il mette en doute la parole de sa fille, mais il a certains liens avec lui : cet homme est le meilleur ami de son père qui est mort ; il avait lui aussi un fils avec lequel il était très lié, mort également.

La gamine est en CE2. Elle est intelligente, s'exprime avec aisance et confirme les dires de ses parents. Contrairement au cas précédent, elle ne prend aucun plaisir à l'évocation de ces faits, ce qui est un signe pathognomonique[1] évident : l'enfant incesté est toujours malheureux de l'être ou de l'avoir été, il a du mal à dire et à répéter ce qui s'est passé, il souffre. Je propose aussitôt de signaler l'affaire au substitut du procureur, pour obtenir la mise en examen de l'agresseur, sur la foi des déclarations de la petite.

Le père semble étonné. La mère appuie ma proposition en disant à son mari : « Tu vois, c'est ce qu'il fallait faire depuis le début. » La petite fille écoute attentivement mes explications sur le déroulement de la procédure... Tout le monde se

---

1. Qui suffit à établir le diagnostic.

déclare enfin d'accord pour que celle-ci soit enga-
gée.

A peine la famille est-elle sortie de mon bureau
que la fillette revient. Seule cette fois.

« Je peux t'embrasser ?

— Oui, mais pourquoi ?

— Parce que jusqu'à maintenant, je croyais que
j'étais coupable. »

Je ne la reverrai plus jamais. J'apprendrai seulement, par des voies détournées, qu'elle va bien
aujourd'hui.

L'acte thérapeutique dans cette histoire, c'est la
punition de l'agresseur. La punition du bourreau
protège la victime et l'assure qu'elle n'est pas responsable des sévices qu'elle a subis. Si le bourreau
n'est pas puni, l'enfant abusé se croit soit menteur,
soit acteur participant de ce qu'il a vécu. La mise
en examen, la condamnation, l'emprisonnement
le reconnaissent dans sa blessure et dans son sta-
tut de victime. La victime défendue par la société,
c'est tout de même le fondement de la loi dont le
but est de nous protéger d'autrui dès lors qu'il
nous nuit et porte atteinte à notre intégrité.

Par ma proposition, j'ai remis les parents en
position de défenseurs de leur enfant, alors qu'ils
se conduisaient plutôt comme des complices de
l'abuseur.

Dans les histoires d'incestes, d'abus sexuels sur
les enfants, il y a deux choses importantes. L'une
est souvent passée sous silence, parce qu'elle fait
désordre et n'est pas agréable à entendre. Pourtant
elle existe : il y a parfois participation des enfants
à l'érotisation des rapports avec les adultes. La
seconde, plus communément admise et reconnue : l'enfant se sent objet sexuel d'un adulte censé
avoir l'autorité et c'est très dévastateur de se sentir « chosifié » par quelqu'un qui est plus fort que

soi et qui a le pouvoir. La seconde petite fille se sentait coupable d'avoir mis sa confiance dans un adulte qui l'a trahie et qui lui a imposé des actes qu'elle ne désirait pas.

Ces deux cas montrent, si besoin est, qu'il faut toujours être très attentif à ce que raconte l'enfant, sans pour autant prendre tout pour argent comptant. La juste position des parents se situe à mi-distance entre le mépris indifférent et l'adhésion. On écoute, on questionne, on vérifie ; il y a obligation de débat contradictoire. Le signalement n'est pas une condamnation, mais il montre qu'on prend en compte la parole de l'enfant.

« *J'ai tué mon fils...* »

C'est un homme sombre, massif. Il se dégage de lui une évidente brutalité. « Je viens vous demander ce que je dois dire à mon fils aîné : j'ai tué son jeune frère et je vais être mis en accusation, mais il ne sait rien de tout cela pour l'instant. »

Surpris, un peu mal à l'aise, je lui demande d'en revenir aux faits. Les voici : son fils cadet est né avec un grave handicap chromosomique. Se trouvant seul avec lui après la révélation du diagnostic, il l'a tué. Evidemment, il n'en a jamais rien dit à son aîné.

Je l'écoute, partagé entre l'effroi, le rejet et, peut-être aussi, la compassion. Je pense à tous ces parents d'enfants handicapés, embarqués dans des souffrances au long cours. Je peux comprendre ce père assassin ou, pour être plus juste, je peux comprendre sa non-volonté d'avoir un enfant handicapé. Cela ne veut pas dire que je trouve la moindre justification à son acte, mais... Comment ne pas imaginer que la haine — rappelons une fois encore ce que disait Winnicott : nos sentiments se partagent en 60 % d'amour et 40 % de haine —, non reconnue parce que peu avouable, qui nous habite à la naissance d'un enfant « normal », ne prenne pas le pas sur l'amour quand, face à un enfant handicapé, la parentalité est attaquée, explosée ? On choisit d'avoir un enfant pour son avenir, pour la transmission, la descendance, pas pour un présent dévasté qui offre peu de perspectives. Ma propre fille est née « étonnée » — elle avait bénéficié, comme sa mère, d'une anesthésie majeure. Je me souviens de mon affolement et de cette pensée qui me terrassait : « Je ne pourrai plus être psychiatre, je serai papa d'une handicapée... », comme si cela rayait toute possibilité de futur. Alice ne se souvient pas de cela et n'a eu aucun problème, mais vous comprenez mieux la fragilité des psychiatres.

Le débat est délicat et difficile, mais je crois que la plupart des parents d'un enfant handicapé souhaitent, même fugitivement, sa mort. Tout comme les parents d'un enfant normal vont souhaiter, à un moment ou à un autre, le jeter par la fenêtre — ou tout au moins l'exprimer ! Mais le souhait de mort est bien différent de la volonté meurtrière. Dans le premier cas, on pense qu'il aurait sans doute mieux valu que l'enfant ne vive pas avec un pareil handicap. Et puis, par une sorte de renversement coupable de ces sentiments négatifs, on va accepter l'enfant et reconnaître qu'on l'aime, « il est handicapé, mais je l'aime quand même ». De ce renversement affectif vont naître les illusions qui sont autant de défenses : « Il peut être intégré, il peut travailler comme les autres, il doit avoir les mêmes droits que les autres, il a les mêmes capacités que les autres... » Après avoir accepté — avec tous les deuils et toutes les remises en cause que cela suppose — que l'enfant soit au monde, les parents vont vouloir que le monde s'adapte à leur enfant plutôt que ce soit l'enfant qui s'adapte au monde. C'est tout le problème de l'insertion des handicapés. Il faut parfois savoir accepter le placement spécialisé après un essai naturel d'intégration.

Autre précaution pour les parents d'enfants handicapés : être attentifs aux frères et sœurs qui ont un développement normal et ne pas les mettre en permanence en situation de réparation et de soutien. Avoir un frère ou une sœur handicapé constitue une atteinte au narcissisme des enfants sains. Les parents doivent au contraire être très vigilants à les valoriser.

Dans d'autres cas, exceptionnels, le souhait de mort se double d'une volonté meurtrière et le parent passe à l'acte. Evidemment, la transgression de la loi (le fameux commandement « Tu ne tueras pas ») va fragiliser la famille. A la moindre difficulté, cette fragilité risque de faire exploser un équilibre de surface.

Toutes ces pensées se bousculent dans ma tête, mais je dépasse mon malaise et conseille enfin à cet homme de dire à son fils aîné : « Je ne pouvais pas supporter le handicap de ton frère, ni qu'il vive comme ça. » Sans autres détails.

Un mois plus tard, l'homme revient me voir. A son aveu, le gamin a juste répondu : « Ne m'en parle plus jamais. »

Moi non plus, je ne voulais plus en entendre parler. La consultation était terminée. Le père, lui, a écopé de deux ans de prison avec sursis.

Quelques années plus tard, une femme vient me voir avec son fils adolescent. D'entrée de jeu, elle me dit : « Vous ne le connaissez pas, mais vous avez rencontré son père pour un acte criminel sur notre petit dernier handicapé. » Aussitôt, je replonge dans le même malaise. Qu'a-t-il pu se passer, cette fois ? La mère m'explique que son fils est en situation de total échec scolaire et qu'il fait preuve, à l'égard de ses parents, d'une violente agressivité. Le garçon, lui, ne dit rien. N'en dit pas plus quand nous restons tous les deux. Il reste fermé, hermétique, hostile. Agressif même, si l'on considère que le silence est bien la pire des agressivités pour un psychiatre. Si encore il me crachait au visage, ce serait un langage ! Au lieu de quoi, il ne m'oppose que le vide.

La mère, revue après notre face-à-face, me donnera une clé supplémentaire pour comprendre le comportement de son fils. Quelques mois auparavant, elle a été opérée d'un cancer du sein. « C'est à ce moment-là qu'il est devenu si agressif, dit-elle, comme s'il ne l'avait pas supporté. »

Ce cas, horrible, est pourtant facile à comprendre de l'extérieur. La maladie de la mère a fait resurgir chez son fils une crainte de l'idée de la mort, exacerbée par le meurtre du petit frère. Mais ses parents ne peuvent pas le rassurer, puisqu'ils sont éventuellement meurtriers. Les agresser, les attaquer comme pour les démolir, est donc une façon de se protéger, lui. Ils ont tout de même commis l'acte le plus agressif qui soit ! Et il faut bien reconnaître que l'assassinat du bébé anormal donne à ce garçon des garanties très relatives sur ses parents. Dans le fond, il doit se dire : « Ils ne m'ont pas tué parce que j'étais normal, que je ne les dérangeais pas trop. » Il sent confusément que si jamais il ne leur plaît pas, s'il n'est plus conforme à leurs désirs, « ou bien ils m'abandonnent, ou bien ils me tuent ».

L'idée de la mort a accompagné cet enfant tout au long de son développement, et la culpabilité est devenue pathogène pour toute la famille. La réapparition du risque de mort chez la mère relance la fragilité du garçon qui réagit par la violence pour ne pas penser. Il annule ses capacités de réflexion par le passage à l'acte agressif. L'agir remplace la pensée défectueuse.

Autant le cas est facile à comprendre, autant il

semble difficile, voire impossible à accompagner. Comment faire intégrer à cet enfant que le trouble de la parentalité ne l'autorise pas à un trouble de l'aspect filial ? La tâche s'avère vite impossible car le jeune adolescent refuse de me parler : moi, psychiatre, je révèle les dysfonctionnements, je suis le secrétaire de la tragédie et de l'agressivité familiales, donc je suis antipathique, donc il n'a pas envie de me voir. Et donc, très vite, il va abandonner.

Que je comprenne le fonctionnement de cet adolescent ne sert à rien puisqu'il n'y a aucune adhésion de sa part. Il est enfermé dans un choix exclusif de monofonctionnement agressif.

Et voici que, tant d'années après, je me pose la question : aurait-on pu éviter cette situation ? A l'époque, lorsque le père meurtrier m'a rapporté les propos de son fils, « Ne m'en parle plus jamais », pourquoi n'ai-je pas réagi ? Aurais-je dû accompagner le père pour pouvoir accompagner aussi le gosse ? Pourquoi n'ai-je pas insisté pour que le petit aille en parler à quelqu'un d'autre ? Peut-être aurait-il alors réussi à parler, tandis que, maintenant, les strates se sont accumulées, figées, il est englué dans son fonctionnement hostile, le seul qu'il connaisse et dont il ne parvient plus à sortir.

Trop sidéré par le meurtre du père, je lui ai fermé ma porte, soulagé dans le fond de ne plus le revoir. Ce rejet du père, il m'apparaît aujourd'hui que c'est le fils qui en a fait les frais.

La peur des loups

Un juge pour enfants me confie une tâche bien complexe : un petit garçon de 5 ans doit-il rencontrer son père au parloir, sachant que celui-ci a tué sa mère en la poignardant à la sortie de l'école maternelle, précisément en présence de l'enfant ?

Jérôme arrive à la consultation avec ses grands-parents maternels à qui il a été confié depuis les événements. Il est vif, enjoué, de contact facile. D'emblée, il m'interroge : « Tu as peur des loups ? » Je bredouille, surpris : « Euh, non, j'ai bien dû avoir peur du loup mais... » Il m'interrompt aussitôt en rectifiant : « Moi, j'ai dit *des* loups ! »

Puis spontanément, il dit l'horreur qu'il a vécue, sans besoin que je lui pose de questions, habitué qu'il est, le malheureux, aux investigations judiciaires. « Maman soufflait le sang. » Le thorax transpercé par plusieurs coups de couteau, la mère en effet, dès qu'elle respirait, soufflait le sang par ses plaies. Le petit raconte cela comme il me dirait : « Hier, j'étais à la plage avec maman », sans émotion particulière, comme si l'horreur était le fondement même de sa vie quotidienne.

Il faut dire qu'au moment du drame, il avait 3 ans. A cet âge, les enfants croient que la mort est réversible : « Maman est morte, d'accord, mais quand est-ce qu'elle revient à la maison ? » A 5 ans, Jérôme est encore protégé de la tristesse par l'idée d'un retour possible de sa maman.

Il parle ensuite de ses oncles et tantes, de ses grands-parents maternels, de ses cousins. Aucune allusion au père, en dehors de la description sauvage du meurtre. Il n'y a pas grand-chose à ajouter à ce qu'il dit. Juste lui poser la question du juge : « Souhaites-tu revoir ton papa qui est en prison pour ce que tu viens de me décrire ? »

Mais il esquive par une autre question, la même qu'au début de la consultation : « Tu as peur des loups ? »

Devant cette insistance, je n'ai pas d'autre choix que de me laisser guider par lui. J'écarte les mains en signe d'ignorance, je fais une moue, je lui montre que je ne comprends pas et que j'ai besoin de ses explications. Il ne tarde pas à me les fournir :

« Quand papa était à la maison, il était méchant. Il criait, tapait sur maman, sur moi, et aussi sur le chat. J'avais peur de lui dans la maison. Maintenant qu'il n'est plus là, j'entends des bruits la nuit. Je n'ai plus peur de lui parce qu'il n'est plus là et qu'il a été puni, mais dehors, il y a des loups. Avant, le loup était chez moi. »

Entre 3 et 6 ans, les enfants font la gamme de toutes les peurs ou presque. Peur du noir, peur du vide, peur du loup, peur d'être enlevé, abandonné... Freud disait que la peur est la maladie physiologique de la petite enfance et Donald Winnicott ajoutait qu'un enfant qui n'a pas peur d'un orage dans les rues de Londres n'est pas tout à fait normal. La peur est donc quelque chose de naturel et d'utile : ça sert à ne plus avoir peur, ça aide à devenir grand, à avoir une vie psychique. Il faut avoir peur pour grandir. Les parents rassurent, on s'appuie sur eux pour dépasser et se débarrasser de nos peurs, même si l'une d'entre elles, plus vive que les autres, subsiste à l'âge adulte.

La peur *des* loups dont me parle Jérôme me semble beaucoup plus singulière qu'une banale peur *du* loup. Elle est comme une seule et même peur, mais répétée plusieurs fois : peur du meurtre, de la dévoration, du sang. Peur de ce père meurtrier, et donc incapable d'aider son fils à vaincre les peurs naturelles de l'enfance.

Imaginez que vous êtes seul, perdu dans une forêt, la nuit. Vous trouvez refuge dans une clairière, moins effrayante que les sous-bois touffus, mais, inquiet d'un danger potentiel, vous guettez les bruits de la nature. Si vous savez que le bruit provient de telle allée ou de tel chemin, vous allez vous y poster et attendre. Ce sera terrible, mais beaucoup moins que si vous passez votre nuit à courir dans tous les sens, sans jamais savoir d'où peut surgir le danger... Il me semble donc souhaitable que Jérôme puisse voir son père en prison, et retrouver ainsi le loup.

Mais ce n'est pas la seule raison qui me pousse à conseiller ces rencontres au parloir. L'idée, c'est qu'il vaut mieux avoir un papa meurtrier que pas de papa du tout. C'est ce que nous apprend le conte de Blanche-Neige : elle sait très bien qu'elle ne devrait pas croquer la pomme offerte par la sorcière, mais elle ne peut pas s'en empêcher, parce qu'elle souffre tellement de ne pas avoir de maman qu'elle préfère s'empoisonner avec cette fichue pomme qui lui fait croire qu'on s'intéresse un peu à elle. Si tous les enfants du monde s'identifient à Blanche-Neige, c'est bien qu'ils sont convaincus qu'il vaut mieux avoir une belle-mère sorcière que pas de maman du tout. Autrement dit, la crainte de l'abandon est mille fois plus forte que la crainte de la monstruosité.

En séparant complètement l'enfant de son père, on ne lui laisse aucune chance de construction dans son imaginaire. Comment faire le deuil d'une image parentale si on ne voit jamais son parent ? Comment faire le deuil de quelqu'un qu'on ne connaît pas ? C'est tout le problème des 140 000 enfants français dont l'un des parents est détenu : s'ils sont mis dans l'impossibilité de le voir, ils se retrouvent à idéaliser un parent qui, le moins qu'on puisse dire, n'est pas un modèle identificatoire formidable. Alors que s'ils peuvent le voir, ils vont eux-mêmes faire le tri dans ce qu'ils voient, perçoivent, entendent.

A ne pas voir son parent, l'enfant va finir par penser qu'il est victime de la loi. Si on lui déclare : « Ton père est un monstre qui a tué ta mère » et qu'il est mis dans l'impossibilité de le voir, la monstruosité embouteille définitivement son psychisme. Il faut qu'il mette de la réalité sur ce père meurtrier, c'est sa seule chance de ne pas vivre avec la menace suspendue au-dessus de sa tête : « Un jour, il sortira et il me tuera comme il a tué ma mère. »

Si on lui cache le père, il risque aussi de se retourner contre la loi qui l'emprisonne et le lui enlève. Il y a là, peut-être une source de ce qu'on appelle le transgénérationnel : retourner en prison, quand un parent y est allé, par identification morbide à ce parent incarcéré. Autoriser Jérôme à aller au parloir le protège peut-être, empêche que, plus tard, lui aussi ne tue sa femme. Seule l'expérience me permet d'affirmer ce qui peut apparaître comme une provocation. Pour certaines familles que j'ai suivies, l'incarcération aux Baumettes a été vécue comme un véritable rite de passage par les enfants : « Je suis ado maintenant, parce que j'ai pu voler et être emprisonné comme mon frère aîné. » Je me souviens d'une famille de cinq garçons que j'ai tous expertisés lors de leur séjour aux Baumettes. Leur père étant décédé, ils retrouvaient, avec les surveillants, une autorité et une incarnation de la loi défaillante chez eux. De manière ahurissante, ils se conduisaient, en prison, de façon tout à fait satisfaisante, conduite irréprochable que trois d'entre eux ont gardée après leur incarcération. Sans ce rite initiatique de reprise de la loi, ils n'auraient sans doute eu aucune chance de pouvoir fonctionner dans la société avec ses règles, ses principes et ses codes. Cela ne veut pas dire que la prison règle tous les problèmes, loin de là, mais dans certains cas, force est de reconnaître qu'elle a son utilité.

Je souhaite donc que Jérôme puisse rendre visite à son père pour toutes ces raisons et d'autres encore : qu'il ne pense pas que ce sont ses grands-parents maternels qui l'empêchent de le voir ; qu'il ne soit pas mis en situation de leur en vouloir par la suite, et qu'enfin il ait la possibilité de poser un jour la question à son père : « Pourquoi tu as tué maman ? » Ce qui revient à se demander : « Est-ce que, dans le fond, ma mère était poignardable et pourquoi mon père ne pouvait fonctionner que comme ça ? » Car, j'insiste, s'il n'a pas la possibilité de poser ces questions, il peut, paradoxalement, finir par trouver son père bon.

Le juge va suivre mon conseil et les grands-parents accepteront cette décision avec beaucoup de dignité et de compréhension.

Très rapidement, Jérôme va me confier sans que personne n'ait besoin de le lui souffler : « Je vais aller le voir moins souvent, il est un peu méchant. » Même dans sa situation, le père trouve en effet le moyen de donner des ordres : « Tiens-toi bien, sois sage... » Il est en prison pour conduite pire que répréhensible et il s'intronise donneur de leçons, sans tendresse, sans attention, sans douceur. Pour Jérôme, c'est le début du deuil : il fait seul le diagnostic de l'insuffisance de son père. Cela lui permet sans doute de mieux accepter ses grands-parents maternels, de mesurer la chance qu'il a de vivre avec eux qui vont peu à peu devenir comme des parents auxquels il pourra s'identifier.

Voilà pourquoi, même si je n'ai jamais revu Jérôme, je suis confiant dans son évolution.

DES SUIVIS LONGS
ET DIFFICILES

Un jour, vous décidez d'accompagner un désarroi... Vous ne vous attendez pourtant pas à ce que cela dure des années. Mais c'est aussi ce métier de proximité prolongée qui fait la noblesse de la psychiatrie. On tient bon ensemble, parfois on se sent hostile, souvent l'agressivité surgit... Puis on termine par « bonne route » et il reste la force des souvenirs construits ensemble.

Une prise en charge interminable

Christelle, 15 ans, m'est envoyée par le pédiatre pour troubles de la personnalité. Troubles importants qui ont conduit le médecin à émettre le diagnostic d'une possible schizophrénie. Très inhibée, Christelle ne parle pas ou peu, ne regarde pas ou peu. Elle tient bon à l'école et au sein de sa famille — sans laquelle elle aurait probablement terminé à l'asile —, mais elle n'a aucune sociabilité par ailleurs.

Je la reçois avec ses parents. La mère, enseignante, est volontaire, précise, dynamique ; le père plus anxieux, plus blessé sans doute par les difficultés de sa fille. Tous deux insistent beaucoup pour une prise en charge.

Prise en charge difficile pourtant : Christelle montre surtout sa défiance et son anxiété. Pendant les deux premières années, elle ne veut pas venir seule, c'est toujours sa mère qui l'accompagne, toujours sa mère avec qui je parle. J'essaie de faire intervenir Christelle, mais elle ne me parle pas et donne l'impression de m'entendre à peine.

Grâce à la mère, je tiens bon : sa présence, sa volonté m'aident à comprendre que sa fille est curable. D'ailleurs, au début de nombreuses thérapies avec les enfants ou les adolescents, ce sont davantage les parents qui soutiennent le psychiatre que l'inverse. Par la confiance dont ils font preuve à notre égard, ils finissent par nous convaincre que notre intervention peut se révéler efficace.

Il n'en reste pas moins que Christelle réagit peu et progresse encore moins. Ah ! ces séances interminables durant lesquelles elle ne dit rien. M'écoute-t-elle ou est-elle partie ailleurs, dans des délires et des fantasmatisations, loin de toute possibilité de communication ? Je cherche à interpréter ses silences et, surtout, j'essaie de tenir bon. Impossible d'écourter les séances, car elle est très scrupuleuse sur la durée et attend patiemment l'heure de la fin. Moi, pendant ce temps, je parle, de l'école, de sa sœur, de ses parents, je répète : « D'accord, tu ne veux pas parler, peut-être dans quelque temps ce sera différent. » Parfois je me tais moi aussi, réussissant même l'exploit de tenir vingt minutes sans dire un mot, ce qui, quand on me connaît, est remarquable.

Mais malgré son inhibition, ses silences, je perçois des demandes non formulées de soutien. Alors, je persiste, essayant de mettre un pansement de type névrotique à la gangrène psychotique qui la ronge. Bientôt, je suis récompensé de mon entêtement : Christelle me remet des cassettes. A l'issue des séances durant lesquelles je la croyais ailleurs, enfermée dans un monde inaccessible, elle écrivait tout ce qui s'était passé, puis l'enregistrait dans l'idée de me l'offrir un jour.

Enfin, après deux ans de mutisme, Christelle entame une période de transfert massif : elle me confie ses hallucinations, ses craintes, ses difficultés à être dans la société. En somme, elle s'étale, de façon très impudique, pour que je devienne un peu elle, que je sois en parfaite et totale harmonie avec elle. Comme ça, grâce à moi, elle est sûre de se tirer d'affaire. C'est cela le transfert. Dire au psy : « Voilà comment je fonctionne, tu vas m'expliquer pourquoi et donc ça va aller mieux. Je me jette sur toi, je te donne tout ce que j'ai, tout ce que je sens, pour avoir une chance de vivre bien. » Contrairement à ce qu'on pourrait croire, le transfert n'est pas une question de confiance. C'est le seul moyen qu'on trouve pour tenir. Comme quand on entre à l'hôpital en urgence et qu'on aperçoit une infirmière dont on se dit qu'elle est géniale et qu'avec elle on a toutes les chances de s'en sortir. Tant pis si ce n'est pas elle qui en fin de compte nous soigne, l'essentiel est de se forger une image de bon soignant pour survivre au stress.

Nos séances sont difficiles. Je tente sans cesse de ramener Christelle à une réalité moins pénible, en insistant sur le rôle de ses parents, la confiance qu'ils lui témoignent, leur soutien pour favoriser son insertion scolaire, validant ainsi ses bonnes capacités intellectuelles ; elle répond par son malaise, retombe parfois dans le mutisme. Elle m'inquiète et m'impressionne tout à la fois, me remettant des rédactions infiltrées de thèmes de rupture, de difficulté à être, dans lesquelles elle raconte tout ce qui se passe mal entre nous.

Il est intéressant de noter que rien, dans son histoire, n'explique les troubles de Christelle. C'est important de le souligner quand on a pris l'habitude d'entendre des imbécillités du genre : « Il faut trois générations pour faire un psychotique. » A force, on a fini par y croire, on s'obstine donc à chercher chez les parents et les grands-parents les raisons et les causes de la pathologie des enfants. Moi, je refuse de croire à ça. Il est temps de renverser la donne et de considérer les choses sous un autre angle : le narcissisme existe à l'origine, c'est-à-dire que l'enfant se plaît un peu, beaucoup ou pas du tout. Par leur attitude, les parents viennent renforcer ou amoindrir telle ou telle tendance : ainsi, face à des parents un peu faibles, un bébé doué d'une bonne estime de soi va-t-il s'en tirer. En revanche, celui peu équipé au niveau narcissique risque de rencontrer de gros problèmes : quand, à l'effondrement personnel, s'ajoute l'effondrement familial, on peut en effet craindre le pire. Dans le cas de Christelle, il semble au contraire que ce soit ses parents, et sa mère en particulier, qui l'aient aidée à surmonter son défaut de confiance en soi. Quant à ses aspects délirants, ils sont le signe de sa non-présence au monde, dont les parents ne sont pas responsables.

Après ces trois années de transfert massif, Christelle va traverser, et nous faire traverser, une année d'enfer. Pour elle, c'est le repli catatonique : une grande passivité motrice et psychique avec parfois des bouffées d'excitation, caractéristique de la schizophrénie. Elle me parle, mais toujours dissimulée derrière l'armoire. Ou alors elle ne dit rien, avouant qu'elle ne peut pas parler parce qu'elle a l'impression d'être à la fois là, dans le cabinet, et chez elle. Le transitivisme, voilà un signe majeur de schizophrénie. Et là, je prends peur : est-ce que je dois soigner avec une approche psychothérapeutique quelqu'un d'aussi malade ?

En plus, il faut bien l'avouer, je n'en peux plus, elle m'épuise. A peine sortie de la séance où elle est restée muette, elle appelle, finit par véritablement me harceler au téléphone. Dialogues stériles : « Qu'est-ce que tu veux me dire ? — Rien, je veux parler. » Je suis à bout, je rêve qu'elle a un accident de voiture, je vois un avis de décès dans le journal et j'imagine aussitôt que c'est d'elle qu'il s'agit... Je suis bien obligé de constater que je fais, moi, un transfert négatif : « Ta mégalomanie est encore en exergue, Rufo ! Tu veux croire qu'elle n'est pas malade simplement parce que tu la suis, mais elle est folle. Hospitalise-la ! Neuroleptise-la ! Envoie-la à un confrère ! Débarrasse-t'en ! » Il est vrai qu'elle aurait eu droit aux médicaments mais j'étais en situation de psychothérapeute, ce qui, pour moi, exclut la prescription médicamenteuse que j'aurais pu, en revanche, faire assumer par un autre médecin.

Donc, je tiens bon. Et j'ai raison. Au bout de quelque temps, elle consent à dire : « Je ne dis rien parce que je vais vous faire peur si je parle. Je me tais sinon vous ne voudrez plus me voir. » Ces quelques mots me montrent qu'elle n'arrive pas à se détacher du transfert, à admettre que je ne suis ni aussi intéressant, ni aussi puissant qu'elle l'imagine.

Au sortir de ces longs mois pénibles, Christelle va enfin réaliser que ce qui compte ce n'est pas moi, mais sa vie à elle. Voici le temps béni du contre-transfert, la partie la plus intéressante de la psychothérapie, celle où le patient retrouve sa liberté de sujet. Christelle appelle de moins en moins, puis plus du tout. Les séances se déroulent bien même si on sent des tensions de rupture, exactement comme dans des relations affectives ou amicales. On sait que, bientôt, on ne va plus se voir. Et pourquoi ?... L'arrêt d'une thérapie, c'est comme une séparation, pas facile à vivre. Parfois des deux côtés. Le patient s'est fait, de son thérapeute, des images paternelles, filiales, amoureuses dont il a du mal à se détacher. Le thérapeute a pu, lui, se chroniciser dans la relation, finissant par penser que le patient ne va bien que grâce à lui et il est alors tenté de maintenir un lien presque pathologique.

Curieusement, c'est la tante de Christelle, très intéressée par tout ce qui touche à la psychologie, qui a fait remarquer à sa nièce : « Tu ne crois pas que vous jouez les prolongations ? » Propos que m'a rapportés Christelle et dans lesquels j'étais bien obligé de reconnaître une certaine vérité. Christelle allait bien et n'avait plus besoin de moi. Après tant de temps, il fallait se séparer... Pour être tout à fait honnête, c'est sympa de voir un patient s'en aller, de lui dire « Bonne route, et je suis persuadé que les capacités qui sont les tiennes te permettront d'avoir une vie heureuse. » C'est dans le détachement de son patient vis-à-vis de lui que le psychothérapeute pense avoir fait son travail. Quand l'autre redevient libre de cette relation un peu difficile et, dans le cas de Christelle, particulièrement difficile. Une dernière séance, c'est la porte ouverte sur un chemin qui n'appartient qu'au patient.

Il n'empêche que, lorsque je pense à Christelle, je me dis que quand je mourrai, cela lui fera quelque chose. Prétention ? Illusion ? Il existe des choses indélébiles dans ces relations de longue durée. Une thérapie, ça engage pour la vie.

Il y a pourtant une espèce de leurre transférentiel du côté du patient. Il sait bien que, dans le fond, le psy ne doit pas adhérer à son discours immédiat, sinon il est trop proche, donc il est perverti. Cela ne veut pas dire qu'il est indifférent. La frontière est fragile. On nous demande de faire preuve de neutralité bienveillante ; pour moi ça n'existe pas, alors je préfère l'empathie sensible. Je ne me mets pas à sangloter au récit des malheurs des patients, en revanche j'éprouve un intérêt réel, une émotion vraie, mais dénuée de toute passion intime, personnelle.

Avec cette adolescente, je me suis engagé massivement, parce que je ne voulais pas qu'elle soit schizophrène. Donc j'étais obligé de la suivre et de tenir... Il y avait, chez Christelle, des inhibitions, des replis, des tendances étranges qui auraient sûrement pu l'engager dans une voie psychotique de type schizophrénique. La psychothérapie a très probablement évité ce parcours difficile et douloureux. L'histoire montre simplement que l'adjectif « schizophrène » ne suffit pas à définir quelqu'un. On peut être schizo et intelligent ou schizo et bêta, chacun possède des capacités originales pour se tirer d'affaire. Et il existe tous les degrés d'intégration des troubles psychiatriques dans la vie sociale.

Christelle m'a téléphoné récemment. Elle travaille, elle est enceinte, tout va bien. La prise en charge aura été comme une route empruntée dans un paysage froid et chaotique, pour aboutir à un terrain d'atterrissage dégagé et serein. Après la bizarrerie, le calme.

« Il va payer des impôts ! »

Jérémy, 18 mois, arrive avec ses deux parents, 18 ans chacun. Le diagnostic s'impose : il est autiste. L'autisme se caractérise par des troubles graves et envahissants de la personnalité et du comportement : trouble de la communication, refus du regard, non-développement du langage, incapacité à dessiner, instabilité, inadaptation dans le groupe, aucun contact avec la réalité et le monde extérieur. Par un effort intense, l'autiste évite le moindre contact avec autrui.

Pendant toute la première consultation, Jérémy s'enfuit sous la chaise, se tape la tête contre les murs, grince des dents d'avant en arrière (ce qu'on appelle bruxisme), sursaute au moindre bruissement imperceptible et, en revanche, ne montre aucune réaction lorsqu'un camion klaxonne juste sous nos fenêtres.

Ses parents me disent qu'il souffre de troubles du sommeil (il dort les yeux ouverts), refusait le sein les tout premiers temps, ne mange pas, vomit tout ce qu'il avale, bouge sans arrêt la tête et, dès qu'il a pu, l'a tapée contre les murs ou les barreaux de son lit. Pendant ce temps, Jérémy n'écoute pas, semble ne pas nous voir, comme si nous étions transparents ou invisibles, bouge les mains devant ses yeux à la manière d'une danseuse indienne.

Je note malgré tout un point positif : son développement moteur est normal. Il marche et
grimpe sans difficultés.

Suite à cet entretien, je propose à ses parents de
le prendre trois fois par semaine en hôpital de jour
où il sera suivi par la même puéricultrice. Il pas-
sera le reste du temps avec eux.

Malgré nos soins, nos tentatives pour le faire
jouer, parler, développer une relation avec un
adulte référent, les progrès sont quasi inexistants.
Un essai d'intégration à l'école maternelle échoue
et, à 6 ans, devant le peu d'évolution de cet enfant,
nous le plaçons, avec l'accord parental, en institut
médico-éducatif où il va rester de longues années.
Par sympathie pour ses jeunes parents, j'accepte
d'aller le voir régulièrement, une fois par mois,
pour faire un bilan.

Pendant quinze ans, rien ne se passe. Et puis un
jour, je vais à l'institut, je le croise dans le couloir,
le salue d'un « Bonjour Jérémy » et crois entendre
« Tiens t'es là, toi ? » Je ne bronche pas.

Au moment de la réunion avec l'équipe éduca-
tive, je me contente de souligner :

« Je crois que je suis victime d'hallucinations
auditives : Jérémy m'a parlé. »

Tout le monde rigole :

« Il parle depuis 15 jours ! »

A 17 ans, grâce à une institutrice géniale,
Jérémy, qui s'est enfin mis à parler, va donc suivre
une grande section de maternelle. Il y apprend à
écrire, à lire et, le jour de ses 18 ans, pour la première fois, il écrit son nom.

Jérémy est aujourd'hui employé dans un CAT
(Centre d'Aide par le Travail) où il est le meilleur
employé. Le directeur du centre a décidé d'aug-
menter les salaires selon le rendement et les qualités de chacun. Grâce à quoi, Jérémy gagne net-

tement plus que le SMIC. Ses parents m'ont téléphoné l'autre jour, affolés et ravis : « Vous vous rendez compte, il va même payer des impôts ! »

Belle trajectoire que celle de Jérémy. Elle montre que l'autisme est un diagnostic mais en aucun cas un pronostic. Autrement dit : aussi terrible que cela soit à entendre pour les parents, je suis obligé de poser ce diagnostic, sans quoi je ne peux pas mettre de moyens en œuvre pour traiter ce dont souffre l'enfant. Si je ne reconnais pas l'autisme, si je ne le dis pas, je ne peux pas proposer de stratégie thérapeutique. Mais ce n'est pas parce que je le dis, que j'induis que l'évolution est définitivement fichue.

Pourtant, après l'échec de l'expérience en hôpital de jour, j'ai pensé, sincèrement, que Jérémy était en quelque sorte irrécupérable, qu'il ne parlerait jamais. S'il a parlé finalement, c'est sans doute parce qu'on a réussi à trouver un lieu de vie compatible avec sa non-communication. Un lieu où on l'acceptait tel qu'il était et où on l'accompagnait.

Le risque avec un enfant comme ça, c'est de le suivre jusqu'à 6 ans et, s'il ne parle pas à ce moment-là, de le laisser tomber sous prétexte qu'il ne parlera jamais, ne s'en sortira jamais. Mais est-ce qu'on arrête les piqûres d'insuline à un diabétique sous prétexte qu'il n'est pas guéri ? A mon avis, il faut considérer l'autisme comme une maladie chronique, une affection chronique de la communication et il faut suivre ceux qui en souffrent, les accompagner, en étant conscient que certains ne guériront jamais. On sait bien qu'on ne guérit pas tous les cancers, cela n'empêche pas de les soigner. Il y a souvent, chez nous psychiatres, une tentation de démission. On aimerait pouvoir tout guérir par l'interprétation brillante, mais c'est tout de même plus rare que le suivi prolongé avec des tâtonnements, des hésitations, des maladresses, des interprétations fausses. L'autisme ne nous confronte pas aux limites de la psychiatrie mais à quelque chose de plus innovant et de riche, le suivi au long cours. Il nous faut simplement renoncer à être des prophètes qui, dès qu'ils ont posé le diagnostic, connaissent toute l'évolution du patient.

L'autisme se révèle tôt. A 1 an, 18 mois au plus tard, le diagnostic est posé. Certains sont autistes *in utero*, d'autres dès qu'ils sont au monde, pour refuser le monde. On peut aussi devenir autiste plus tard... Imaginez un enfant d'un pays en guerre, battu, séparé de ses parents, enfermé dans le noir, violenté, brûlé, à qui personne ne parle pendant six mois. Cet enfant-là peut devenir autiste.

Dans les autres cas plus fréquents, comme celui de Jérémy, il n'y a pas d'explication, pas de raison objective. Et, il faut insister, le répéter, ce ne sont pas les parents qui sont responsables de l'autisme, c'est l'autisme qui rend les parents particuliers. Ce n'est pas le rejet des parents qui fait l'enfant autiste, c'est l'enfant autiste qui rend les parents rejetants : je défie quiconque d'avoir un enfant atteint de ce trouble de ne pas avoir un jour ou l'autre une réaction de rejet. Il est normal de rejeter un enfant qui ne vous satisfait pas, qui ne peut pas vous satisfaire en regard de l'imaginaire que vous en aviez avant sa naissance. De reconnaître qu'on n'en peut plus plutôt que d'essayer à tout prix de continuer alors qu'on a besoin de distance.

Si je n'étais pas convaincu de cela, je n'aurais pas regardé Jérémy, mais ses parents, en leur demandant : « Et alors, vous, quel est votre désir ? Comment étiez-vous pendant la grossesse ? Y a-t-il des difficultés dans votre couple ? » A partir de là, comment auraient-ils pu ne pas se sentir responsables de la maladie de leur enfant, puisque j'aurais induit, par mes questions, que c'est bien à cause de leur comportement que leur enfant est ce qu'il est ?

Je vois parfois des parents arriver dans mon service après avoir déjà consulté ailleurs cinq fois. Et ces cinq fois-là, on les a vus seuls. Si on les voit eux, sans voir l'enfant, ils pensent forcément qu'ils sont responsables de la pathologie du gamin.

Rappelons, puisque cela semble nécessaire, que le pédopsychiatre est fait pour soigner les enfants, pas les parents. Il faut donc en rester aux signes présentés par les premiers. J'y parviens sans difficulté parce que j'ai fini par croire, après toutes ces années, que les parents ne servent pas à grand-chose dans l'évolution de leurs enfants. J'exagère à peine ! Disons plutôt que les enfants sont maîtres de leur destin, avec l'appui et la participation de leurs parents. Sinon que verrions-nous ? Les bons parents feraient de bons enfants et les mauvais parents feraient de mauvais enfants. Mais c'est impossible. Et faux, totalement faux. On le voit bien dans les familles nombreuses. Tous les enfants ont les mêmes parents, mais ils sont tous différents. Parce qu'ils ont leur caractère, leur personnalité et que chacun se fait, de ses parents, une représentation psychologique différente. Les parents sont comptables des progrès de l'enfant, plus que producteurs de ces progrès. L'enfant dépend en premier lieu de lui-même, les parents s'adaptent à lui plus que l'inverse. Dans les rôles parentaux il y a à mes yeux davantage d'adaptabilité que d'éducation.

Eloïse et Aurélie,
au risque de l'anorexie

L'anorexie fascine. Pour certains auteurs, cette pathologie terrible est une psychose monosymptomatique, comme si cette dénégation de la faim, cet abandon du corps et ce risque de se perdre étaient délirants alors que le reste du contact de la structure psychologique tient. A cette évocation, plusieurs visages me reviennent en mémoire.

J'ai rencontré Eloïse à l'hôpital de la Timone où elle était hospitalisée pour maladie grave et rare dont on ne faisait pas le diagnostic. Elle avait alors 8 mois et déjà un lourd passé médical et chirurgical derrière elle. A 3 mois en effet, cette petite avait été opérée d'une coarctation aortique (il s'agit d'un rétrécissement de la sortie de l'aorte), mais malgré la réussite de l'opération, les mois passaient et Eloïse continuait à vomir et à ne rien manger. Les médecins pensaient à une maladie digestive mais sans parvenir à établir un diagnostic précis. Après un séjour à l'hôpital du Kremlin-Bicêtre, dans la région parisienne, elle se retrouvait donc en réanimation à Marseille, nourrie par cathéter.

C'est là que je l'ai vue pour la première fois, posant sur son monde un regard noir et intense par lequel elle accrochait le contact, surtout avec ses parents, malheureux de son état et de se sentir impuissants à l'aider. La mère, diabétique, pensait lui avoir transmis une maladie héréditaire ; le père réclamait que sa fillette rentre à la maison où, affirmait-il de manière touchante, il pourrait s'occuper d'elle.

Aucun examen médical ne révélant la moindre malformation, autre que celle de l'aorte, il a bien fallu se rendre à l'évidence : Eloïse présentait en fait une anorexie néonatale, extrêmement rare et comportant un grand risque mortel. Cette anorexie du nouveau-né est le signe d'une psychose de l'enfant qui investit si peu le monde extérieur qu'il n'arrive ni à avaler, ni à déglutir. Manger, mordre, c'est en effet s'approprier le monde, la vie. Notons tout de suite qu'il n'est pas impossible qu'il existe des liens étranges entre les psychoses infantiles graves et les troubles organiques, voire génétiques ou embryopathiques, ou encore des troubles du fonctionnement neurologique très intime. Mais rien n'est sûr et, dans ce domaine, on en est encore au stade de la recherche.

Attention cependant à ne pas tout confondre : Il n'y a rien de commun entre un enfant de 2 ou 3 ans qui, en pleine phase d'opposition, fait des difficultés pour manger ce que ses parents lui donnent et un bébé anorexique. Malgré ses protestations destinées à affirmer son existence, le premier se nourrit lorsqu'il a faim alors que le second ignore jusqu'à la sensation de faim.

Le service de médecine nous a donc demandé de suivre Eloïse. Je dis nous, parce que face à l'anorexie on a besoin d'être plusieurs, on travaille en réseau. Je tentais donc de donner une direction à nos interventions, de comprendre, de parler à la petite fille ; l'une de mes collaboratrices, Mireille, puéricultrice de qualité, assurait une prise en charge presque physique et me rendait compte de ce qu'elle faisait, des réactions du bébé. Elle allait mettre tout son savoir-faire, toute sa patience pour faire progresser la fillette. Celle-ci refusait toujours de mettre tout aliment dans sa bouche, ne supportait pas de mâcher ni de croquer avec ses petites quenottes acérées, n'acceptant que du liquide, et encore : elle pouvait parfaitement le garder un moment avant de le recracher. Mireille a alors eu cette idée aussi jolie que géniale : elle croquait des biscottes qu'elle faisait craquer entre ses dents, posant sa joue contre celle d'Eloïse afin que la petite puisse entendre le bruit, ressentir sur sa peau et dans son corps la sensation de mâcher. En lui faisant découvrir des sensations inconnues, elle créait ainsi un lien très fort avec la fillette. Mais le suivi psychologique restait compliqué car Eloïse, même si elle se développait plutôt bien, restait faible et ne parlait pas.

Certains se demanderont peut-être pourquoi et comment je n'ai pas réussi, par la magie du verbe, à faire disparaître l'anorexie néonatale comme les coliques idiopathiques de la petite Elsa. A quoi je réponds que, dans le second cas, on est dans le domaine du symptôme, de la somatisation, alors que dans le premier on est face à une psychose, qui peut tuer, et qui, pour les parents, pour les médecins, est source de grande anxiété.

Elle s'est mise à parler vers 20 mois, atteignant immédiatement un excellent niveau de langage. C'est à ce moment que, jouant dans le couloir, elle fait une chute ; avec la fragilité de ses os de verre, due à son absence d'alimentation, elle écope d'une fracture nécessitant un plâtre et l'immobilité.

Lorsque nous venons lui rendre visite, Mireille et moi, elle boude, refuse de nous parler. Pour jouer, sous forme de boutade et avec la complicité de la puéricultrice, je lui dis que tout ça c'est de la faute de cette dernière : elle l'a mal surveillée et donc, indirectement, elle lui a cassé la jambe. A cette explication, le visage d'Eloïse s'éclaire d'un sourire, puis elle rit franchement et déclare enfin : « Mimi bobo Nono », autrement dit : « Mireille a fait mal à Eloïse. » Je renchéris que Mireille est vraiment très méchante d'avoir fait ça ; la fillette jubile, ravie, et commence à taper avec ses fines menottes sur le bras de la puéricultrice. Curieusement, cet épisode va renforcer sa relation avec Mireille. Hospitalisée à cause de sa fracture, la petite est en effet restée quelques jours sans voir la puéricultrice. Privée de cette personne de référence si importante pour elle, elle imaginait une punition de la part de Mireille. La possibilité d'exprimer son agressivité la soulage et la rapproche tout à la fois. Car il y a autre chose : Eloïse, ne mangeant pas, n'avait pas jusqu'alors de réalité corporelle. Mais voilà que soudain elle a mal, et cette douleur lui permet de prendre conscience de l'existence de son corps. En accusant Mireille de cette douleur, elle la reconnaît comme quelqu'un de très important pour elle : c'est elle qui, d'une certaine manière, lui révèle qu'elle possède un corps. Un corps qui souffre, qui vit, qui a des besoins... A partir de cette découverte, les progrès d'Eloïse ont été sensibles ; elle s'est même remise à manger, peu et sans jamais dévorer comme savent le faire les enfants, mais en regard des premiers temps, ce n'était pas comparable.

A 5 ans et demi, Eloïse a quitté notre service pour reprendre une vie normale, avec ses parents et ses camarades d'école où elle a fait son entrée à ce moment-là.

Je ne l'ai jamais revue. En revanche, j'ai eu de ses nouvelles, de façon dramatique, par l'intermédiaire de sa mère.

Parvenue à l'adolescence, Eloïse a en effet commencé un diabète, grave et spectaculaire, puisque, comme chez beaucoup d'enfants de cet âge, cela a débuté par un coma, imposant aussitôt un traitement journalier à l'insuline. Mais, plus que la maladie ou le traitement eux-mêmes, c'est l'utilisation que les adolescents en font qui comporte de grands risques. Ainsi Eloïse a-t-elle fait plusieurs comas, soit par oubli, soit au contraire par abus d'insuline. Et surtout, elle a repris son anorexie. Hélas, les médecins ne l'ont pas décelée, mettant ses troubles alimentaires sur le compte d'un caractère difficile propre à l'adolescence. Ses parents ont bien eu quelques conflits à ce propos, mais tout s'est passé comme si le diabète faisait écran à l'anorexie. La mère surtout, qui, rappelons-le, était diabétique elle-même, se sentait responsable d'avoir transmis sa maladie à sa fille.

Même de loin, j'avais, sur le cas d'Eloïse, un avis différent, mais malgré nos demandes, l'équipe de psychologues du service dans lequel elle était hospitalisée n'a pas cru bon de faire le lien avec nous.

Eloïse a fini par se suicider de façon terrible. Elle a arraché la sonde gastrique qui la nourrissait, et s'est injecté une triple dose d'insuline, mourant ainsi d'un coma hypoglycémique. L'anorexie, mise en latence durant la période du même nom, avait repris à l'adolescence.

Aurélie a 18 ans lorsque je la rencontre, mais j'ai peine à le croire : elle a la taille d'une enfant de 10 ans et pèse 23 kilos. Elle a en effet commencé une anorexie à l'âge de 9 ans, ce qui a empêché la croissance et la puberté, entraînant ce que l'on désigne sous le terme de nanisme anorexique. On voit là que, très vite, l'anorexie cesse d'être une maladie purement psychologique pour devenir aussi une maladie physique.

Remarquablement intelligente, Aurélie a obtenu le baccalauréat avec la mention très bien et vient d'entrer à la faculté de médecine afin de devenir pédiatre. Mais son apparence lui a valu des réflexions moqueuses de la part des autres étudiants : « Qu'est-ce que tu fais là ? C'est en CM2 que tu devrais être, pas ici ! » Ces railleries, plus bêtes que méchantes, l'ont plongée dans le désarroi, soulignant une réalité qui l'obsède et la rend malheureuse.

C'est en tout cas ce qu'elle me confie lors de notre première entrevue. Assez facilement, elle dit ses difficultés, me parle de l'image qu'elle a d'elle-même, de ce décalage entre son apparence et son âge réel. Sans cesse, elle se plaint de son corps, prétend qu'elle est foutue, qu'elle n'évoluera jamais.

Elle me raconte son histoire, un peu embrouillée. Ses parents se sont séparés après avoir passé quelque temps à Tahiti où d'ailleurs son père vit encore. Elle continue à le voir pendant certaines vacances, mais a passé le reste du temps avec sa mère. Elle partage désormais un petit appartement avec une autre étudiante.

Pour expliquer son anorexie, elle évoque une agression sexuelle : au supermarché dans les îles, dans la file d'attente, on se serait frotté à elle, on l'aurait caressée. Elle évoque aussi des relations incestueuses avec un cousin, toujours en Polynésie, à un âge précoce... Tout cela reste un peu flou et, pour tout dire, je ne saurai jamais si ces souvenirs sont réels ou purement imaginaires, comme une proposition inventée à mon intention et destinée à faire écran à d'autres problèmes qu'elle ne peut ni ne veut aborder. Je dois reconnaître pour ma part que tout ce qu'elle me raconte me paraît pénible et dommageable, mais faible par rapport au tableau qu'elle présente.

Je vais suivre Aurélie pendant quatre ans, mais force est de reconnaître que les progrès tardent à venir. Elle reste désespérément accrochée à son symptôme, ne parvient pas à accepter son corps ni à surmonter les difficultés auxquelles son apparence physique la confronte.

Un soir, elle m'appelle pour me dire que tout va mal, très mal, qu'elle ne parvient plus à se concentrer sur son travail, qu'elle n'arrive plus à apprendre quoi que ce soit. Son amie étant sortie, elle est seule dans l'appartement à ce moment-là ; la sentant au bord de l'abîme, je téléphone aussitôt à sa mère pour qu'elle passe voir sa fille. Aurélie voulait en finir avec sa pauvre vie.

Cet épisode lui vaudra une première hospitalisation. D'autres suivront, qui signeront la fin de ma prise en charge : Aurélie était désormais dans un service spécialisé, entre les mains de professionnels qui avaient des méthodes et des traitements qui ne correspondaient pas aux miens, et je ne voulais pas gêner l'hospitalisation. Elle a eu quelques stratagèmes pour me faire venir, me téléphoner, mais elle a fini par abandonner avec, comme moi, une grande tristesse de constater que la psychothérapie avait échoué. J'acceptai pour ma part de passer la main à d'autres.

Aurélie a aujourd'hui 24 ans. Je ne l'ai pas revue, mais elle continue de m'écrire de temps à autre, comme pour prolonger une relation trop vite arrêtée. Elle n'a pas de petit ami, peu d'amis et, malgré tout un suivi, elle reste enfermée dans son anorexie, prisonnière de son nanisme anorexique. Elle a renoncé à devenir pédiatre et a entamé des études d'infirmière. Il faut remarquer ici que, lorsque les anorexiques se montrent très brillantes dans leurs études, elles mettent en avant la réussite scolaire, présentée alors comme excuse : « Je travaille bien, je suis douée, je fais l'essentiel dans mon travail, ne me cassez pas les pieds avec le reste qui a peu d'importance. » A ce sujet, de nombreux travaux insistent sur la nécessité, pour les anorexiques, d'abandonner une image idéale d'eux-mêmes, une sorte de surcroît narcissique, afin de pouvoir éventuellement guérir de leur terrible symptôme. Je ne suis pas tout à fait d'accord avec ces thèses. Si certaines anorexiques renoncent parfois à de brillantes études, comme Aurélie, ce n'est pas par abandon d'une image idéale, mais plus simplement et plus dramatiquement parce que, du fait de leur faiblesse physique, elles ont des troubles du cours de la pensée, ne peuvent plus réfléchir ni se concentrer. Voilà sans doute pourquoi Aurélie s'est orientée vers des études plus simples, dans le domaine des soins qui lui tenait à cœur.

Ces deux cas montrent combien il est difficile de guérir de l'anorexie. Si l'on en croit les statistiques, 40 à 50 % des anorexiques s'installent dans la chronicité, entretenant toute leur vie un rapport difficile à la nourriture ; 8 à 10 % passeront à l'acte, se suicidant pour mettre fin à leur souffrance ; 30 à 40 % seulement sortiront de ce traumatisme si particulier, qui apparaît alors comme un passage douloureux.

Dans tous les cas l'anorexie est un trouble grave de l'image de soi, un trouble de l'image corporelle, avec refus de manger, dénégation même de l'idée de faim, et importants risques dépressifs et suicidaires.

Le trouble de l'image corporelle est dû à un refus du corps sexué et, au-delà, de la sexualité ; sans doute est-ce pour cette raison que, dans la plupart des cas, l'anorexie se déclare à l'adolescence. On observe d'ailleurs un rajeunissement de l'âge des anorexiques : 16-18 ans jusqu'à il y a peu, aujourd'hui il n'est pas rare que l'anorexie se déclare vers 13-14 ans, parfois même avant, en période pré-pubertaire, avec dans ce cas, des conséquences dramatiques : on l'a vu avec Aurélie, l'absence d'alimentation et la perte de poids entraînent une sidération de la croissance. Remarquons au passage que l'anorexie est un trouble qui touche principalement les filles, les garçons ayant d'autres façons d'exprimer les craintes suscitées par leur corps à l'adolescence. Les prises de risques, la démolition, les attitudes dangereuses leur servent alors à masquer le trouble qui les assaille face à cette transformation sur laquelle ils n'ont pas de prise.

Il n'existe pas de typologie des anorexiques — tout le monde peut le devenir un jour —, pas plus qu'il n'existe de prédisposition particulière qui permettrait de repérer un(e) futur(e) anorexique. Tout au plus peut-on remarquer des facteurs déclenchants : un régime, chez l'adolescent ou chez la maman, une crainte de tout ce qui touche au corps. Il n'est peut-être pas inutile de souligner encore une fois le véritable culte moderne de la minceur dont on ferait mieux de se méfier : on félicite abondamment celle qui mincit, on attaque et vilipende la malheureuse qui prend du poids ; on donne aux petites filles des poupées filiformes, et l'image de la grande jeune femme maigre presque dépourvue de tout caractère sexuel secondaire est un rêve de bien des adolescentes qui se projettent ainsi dans des modèles inaccessibles.

S'il est difficile de raisonner une anorexique, c'est parce qu'elle ne se sent pas maigre. Et lorsqu'elle se regarde dans la glace, elle ne se voit pas comme elle est : décharnée, avec les joues creuses, et « abîmée », l'anorexie entraînant des conséquences physiques impressionnantes

— perte des cheveux, tendance à l'hirsutisme, ongles cassés et dents gâtées. Voilà pour ce qui se voit. Mais il y a plus grave encore, comme l'absence de règles, qui est un signe majeur de l'organisation anorexique mais qui, loin d'inquiéter les adolescentes, les satisfait car elle signe l'arrêt de tout corps sexué. La sexualité leur fait peur, comment pourrait-il en être autrement quand on nie son corps ? La sexualité implique la rencontre, l'échange, la participation, alors que l'anorexique n'en finit pas de retourner sur soi, ne pense qu'en termes de maîtrise, de toute-puissance, être plus forte que la faim, le désir, et le plaisir.

Reste que l'aménorrhée, associée à une perte de poids importante — à partir de 5 kilos, on considère qu'il s'agit d'une perte de poids importante —, doit alerter les parents. Bien sûr, l'amaigrissement peut être tout à fait volontaire, dû à un régime ou à une perte passagère d'appétit, signe d'une note dépressive ou de comportements culturels ou familiaux, mais il exige de rester vigilant. En revanche, on est en droit de s'inquiéter quand l'adolescente supprime peu à peu les plats gras, l'huile, les viandes, les pâtes, les patates, le pain, les gâteaux... avant de refuser pratiquement toute nourriture. L'anorexie installée, l'adolescente croit qu'il ne faut pas manger. Je me souviens de l'une d'elles qui tamisait des pommes dans du thé, jugeant cela parfaitement suffisant comme apport calorique.

C'est comme ça que les anorexiques se retrouvent peu à peu piégés par un système qu'ils ont eux-mêmes mis en place, et qu'ils sont parfois obligés d'inventer des constructions délirantes pour prouver qu'ils ne sont pas responsables mais victimes. Un jeune garçon avait ainsi fini par imaginer qu'une machine aussi curieuse qu'extraordinaire était logée en son sein où elle nettoyait et triait les aliments pour éviter les calories ; une adolescente était quant à elle persuadée que, si elle aspirait de l'air, elle allait grossir... La compréhension intime du piège dans lequel ils sont tombés et la conviction qu'il ne leur est désormais plus possible d'en sortir conduisent un certain nombre d'anorexiques à en finir avec la vie, mais c'est davantage pour attaquer leur pathologie que pour s'attaquer eux-mêmes ou attaquer leurs parents. Ceux-ci doivent alors comprendre qu'ils ne sont pas en cause dans la décision de leur enfant.

Sauf exception — mère obsédée par la minceur qui encourage sa fille à picorer plus qu'à manger, ou pire, lui reproche ses rondeurs ; une telle mère mériterait d'ailleurs d'être signalée au juge —, les relations familiales semblent secondaires dans l'apparition de l'anorexie. Une fois encore, c'est le trouble qui va créer des relations particulières : père redouté en tant qu'être sexué, mère manipulée dont on cherche à faire sa complice. Mais dans la majorité des cas, les parents ne doivent pas se sentir coupables de ce qui arrive à leur enfant. Même si, face à une maman un peu enrobée, la fille décide d'être mieux, plus jolie, plus mince, c'est elle qui est en situation d'échec d'identification, pas la mère.

Camille, la fille

Il a 5 ans, de grands yeux noirs avec de longs
cils, veloutés comme des yeux de biche. Il sourit,
câline, veut monter sur mes genoux, m'embrasser.
Sa mère est âgée, semble triste et en souffrance.
Elle a adopté cet enfant en Europe de l'Est alors
qu'il avait 3 mois. Elle pense qu'il est d'origine tzi-
gane, mais elle n'en est pas sûre. Elle vient consulter parce que depuis son entrée à la maternelle,
son fils est moqué, battu par ses petits camarades
qui l'appellent en chantant « Camille la fille !
Camille la fille ! » Lui ne se défend pas de ces
attaques. Mais il est malheureux de cette agressivité incessante, il souffre d'un racisme au sens
authentique du terme.

Durant notre première entrevue, il s'assoit sagement, range avec soin les crayons de couleur en
dégradés harmonieux, dessine d'abord une prin-
cesse, puis se dessine, lui, au sein de la famille
sous les traits d'une petite fille, en déclarant tout
net : « Je veux être une fille, je m'appelle déjà
Camille. »

Cet enfant présente-t-il une homosexualité précoce ? Il est trop tôt pour le dire et, de toute façon,
ce n'est pas le motif de sa venue. Ce qui m'intéresse dans un premier temps, c'est de lutter contre
sa passivité et de lui apprendre à se défendre. Je

vais donc le suivre de façon particulière, en le mettant en présence d'un petit garçon de son âge. Elevé par sa mère, psychiatre, celui-là souffre d'une maladie pulmonaire et c'est par ailleurs un vrai petit dur, qui nous a été confié pour troubles du caractère, opposition et agressivité violente. Je décide donc de voir ces deux gamins ensemble. Parce que j'ai besoin de l'appui du petit « voyou » : pour que Camille accepte de jouer avec moi, et peut-être aussi pour me protéger d'une relation de type homosexuel que ce garçon aux yeux de biche instaure d'emblée. Dans un premier temps, le caïd se montre réticent puis, se sentant leader du trio, il accepte ma proposition. Très rapidement, Camille s'intègre dans le groupe. Là au moins, il n'y a pas de racisme. Homosexuel ou non, ce n'est pas la question, le dénominateur commun entre les gamins est que tous deux voient un psy. Cela leur suffit pour former un bloc soudé contre moi.

Au début, les séances pourraient être qualifiées de « classiques » : on discute de leurs parents, de leurs grands-parents, de leurs vies respectives, ils dessinent, on joue... Camille se montre à l'aise, plus brillant même que le « voyou ». Mais ce dernier a néanmoins quelques lumineuses idées et met bientôt au point un drôle de jeu particulièrement agressif : enfermés dans le noir, et munis de trois balles de tennis chacun, nous devons toucher nos adversaires. Le premier qui atteint l'un des deux autres à la tête a gagné. Ce n'est pas très académique, mais je finis par céder : les minots ont réussi à me fusionner à leur âge, à me prendre pour l'un des leurs.

Le jeu est tellement violent que les murs tremblent. A l'heure de la séance, la directrice du Centre médico-psycho-pédagogique (CMPP) situé à l'étage du dessous voit ses lustres balancer dangereusement en même temps qu'elle entend un remue-ménage impressionnant. Elle baptisera alors notre rendez-vous : l'heure du fou et des deux enfants.

A ma grande surprise, Camille se révèle le plus agressif de nous trois. Grâce à un de ses lancers parfaitement ajustés même dans l'obscurité, je me retrouve avec un œil bleu. A quelques jours de là, de nouveau agressé et moqué par un de ses camarades de cour de récréation, Camille commence par le gifler, avant de se battre en règle.

Pour moi, c'est une victoire. Cet enfant en retrait, martyrisé par ses copains, comprend enfin qu'il peut aussi être agressif. L'agressivité, la violence — à condition qu'elles ne dépassent pas certaines limites — font partie du développement. Le coup de poing de Camille m'apparaît comme une espèce de symbole : par là, il interdit au groupe qui l'isole de lui interdire d'exister comme il veut, comme il est.

Etrange désir sans doute que d'encourager ses jeunes patients à la violence, sauf qu'il s'agit d'autre chose. Dans un premier temps, je suis sans doute agacé par ce petiot précieux et chochotte. Je veux le masculiniser, l'obliger à lâcher ses jolis crayons de couleur et lui faire découvrir les joies de la bagarre. C'est ma façon de lui dire : « Sois un homme, castagne, sers-toi de tes poings » et le résultat dépasse toutes mes espérances. Mais ma vraie satisfaction est ailleurs : je suis heureux que Camille manifeste une présence, une agressivité à autrui. Qu'il ait des tendances homosexuelles, soit, mais qu'il en tire de la honte ou de la culpabilité, sûrement pas. En se battant, il me montre qu'il n'est pas passif, qu'il organise et revendique sa place dans la société. Il est présent au monde, il se défend du monde, il peut le conquérir du même coup, quelle que puisse être, plus tard, sa sexualité.

Je ne suis pas le seul à être rassuré par le passage à l'acte de Camille. Son père, militaire de carrière, supportait mal la passivité maniérée de son fils. Lui-même abandonné par ses parents, il a épousé la fille de la cuisinière de l'internat auquel il avait été confié. Après leur mariage, il apparut rapidement que la femme était stérile, ce qui sans doute rassurait le père : si elle n'avait pas d'enfant, elle ne risquait pas de l'abandonner, comme l'avait fait sa propre mère avec lui. En revanche, pour le rendre heureux, elle pourrait accepter d'en adopter un : parce qu'elle voulait apparaître comme une épouse modèle, réussir là où sa belle-mère avait échoué. Nous sommes là en pleine rivalité entre femmes, rivalité d'autant plus forte et redoutable qu'on ne connaît pas sa rivale.

Après plusieurs mois de psychothérapie et de jeux « d'hommes », une rencontre avec la mère de Camille va m'éclairer de façon inattendue sur le comportement de son fils adoptif. Elle me raconte qu'elle a été très heureuse de l'adopter, tellement heureuse d'avoir cet enfant qu'elle ne pouvait pas mettre au monde elle-même et, tout « naturellement », elle a commencé aussitôt à l'habiller comme une petite fille, en lui taillant des vêtements dans ses anciens habits à elle. Elle lui proposait de jouer à la poupée et le berçait en chantonnant « Camille, ma fille ». Elle dit aussi être très étonnée que les enfants reprennent cette chanson et finit par demander si je pense vraiment que son comportement a pu entraîner un trouble de l'identité sexuelle chez son petit garçon.

Comment répondre à cette question qui peut paraître tellement naïve ? Il semble évident que cette femme a fait de son fils la petite fille qu'elle aurait aimé avoir. Une petite fille soignée, habillée de couleurs gaies et chatoyantes, quand elle-même est terne et grise, comme son mari d'ailleurs. La petite fille qu'elle n'a pas eue, celle qu'elle n'est plus. En agissant ainsi, elle parvient à ce que Camille puisse s'identifier à elle, donc à adopter des attitudes féminines.

Reste à savoir pourquoi Camille a accepté si facilement de se glisser dans cette identité sexuée qui n'était pas la sienne. Est-ce parce que, étant adopté, il avait, plus encore que les enfants biologiques, un grand désir de plaire à sa mère ? En tout cas, sa passivité était sans doute due à une double incertitude : incertitude sur ses origines et incertitude sur son sexe. Il a été adopté et ses origines sont inconnues ; sa mère « choisit » à sa place un sexe qui n'est pas le sien. Difficile alors de s'affirmer quand on nage dans des eaux si peu claires.

On peut aussi poser la question inverse : est-ce que la mère n'a pas senti très tôt les tendances homosexuelles de son petit garçon ? Elle aurait alors calqué son comportement sur ce qu'elle percevait de ses attentes et de ses besoins. On a pris l'horrible habitude d'affirmer que les parents sont responsables de tout ce qui arrive à leurs enfants. Je me demande, moi, si ce ne sont pas les enfants qui font les parents, qui induisent leur comportement, qui les fabriquent, les matérialisent. Dans ce cas, les parents n'ont plus qu'à s'adapter...

Et le père dans tout ça ? C'était, comme je l'ai mentionné, un père militaire, ni volubile, ni bavard, ni démonstratif. Un père qui exige plus qu'il ne parle : « Je te mettrai dans les paras quand tu seras grand », tout en pensant que si son fils ne change pas, il risque de faire un peu désordre dans les paras. Un père qui ne peut sûrement pas admettre une probable homosexualité chez son fils, mais qui s'en défend et qui s'en remet à la mère pour remédier à tout ça. Un père, ex-enfant abandonné, qui est resté solitaire et n'a pas pu nouer de liens avec son fils. Dans cette famille, le vrai couple est constitué par la mère et Camille, configuration que l'on retrouve fréquemment dans l'histoire des homosexuels : la mère exclut le père, peu présent par ailleurs.

J'ai suivi Camille pendant un an, au terme duquel il a décidé de ne plus me voir. J'étais d'accord avec lui pour arrêter : il était maintenant tout à fait intégré à l'école et suivait son CE1 avec brio.

Je le revois pourtant quelques années plus tard. Il a maintenant 12 ans et est en dépression profonde avec tendances morbides et suicidaires. C'est la mort brutale de son père, suite à une cardiopathie, qui est à l'origine de cet état. La réaction de Camille pourrait paraître étrange, compte tenu du peu de relations qu'il avait avec son père, mais si sa disparition le frappe si douloureusement, c'est parce qu'elle met définitivement fin à toute possibilité de rencontre entre ces deux êtres. Les désirs suicidaires, l'aspiration à en finir de Camille sont alors à interpréter comme une identification au père, cette identification qui n'a pas pu se faire avant.

A cette époque, Camille est organisé sur un mode d'homosexualité adolescente, mais sa mère pense qu'il s'agit d'une phase de bisexualité fréquemment observée à cette période.

C'est à l'adolescence qu'on choisit sa sexualité, au sens de sexualité agie — avec acte sexuel. Avant cela, les adolescents connaissent souvent une phase de bisexualité, considérée comme banale et qui ne présage en rien de leur sexualité adulte. C'est l'âge du meilleur ami, de la meilleure amie, toujours du même sexe, comme un double de soi auquel on s'identifie. L'amitié se charge de tendresse, parfois accompagnée d'un passage à l'acte. Il y a cependant une différence entre un adolescent qui dit : « Mon meilleur ami est essentiel pour moi, les filles, je m'en fous, j'en aurai plein plus tard... » et Camille qui, lui, éprouve de véritables passions amoureuses pour des copains de son âge et n'imagine pas connaître pareils sentiments avec des filles.

A ce moment, mon rôle a donc été d'aider Camille à accepter son identité homosexuelle, sans se culpabiliser. Nous avions déjà commencé ce travail des années plus tôt, avec nos jeux de fous, mais à l'adolescence, c'était différent. Avec moi, il pouvait parler de ses tendances, sans honte, sans crainte de jugement : parce que je n'étais pas son père, je pouvais accepter qu'il soit homosexuel.

La mère, elle aussi, l'acceptait sans trouble. Peut-être parce qu'elle l'avait perçu très tôt. Peut-être aussi parce que Camille est un enfant adopté. L'expérience me montre que les parents adoptants peuvent faire preuve d'une plus grande neutralité et garder une meilleure distance vis-à-vis de leurs enfants. C'est terrible à dire, mais je crois que ces parents-là n'ont pas la même problématique que les autres à l'égard de leur descendance. Quand on a eu un enfant et qu'on devient grand-parent, c'est une transmission. Quand on adopte un enfant et qu'il a un enfant à son tour, ça vient souligner l'impossibilité dans laquelle on a été de transmettre. La sexualité des enfants adoptés ne fait que souligner et réactualiser la stérilité des parents adoptants. Qu'un ventre jeune produise quand, pendant des années, on a subi des fécondations *in vitro* à répétition ne peut que nous renvoyer à cette expérience douloureuse. Pour la mère de Camille, il aurait sûrement été plus dur d'avoir une belle-fille enceinte... Là, avec son fils homosexuel, elle est plus tranquille, elle n'a pas à revisiter sa vie et son passé.

A y réfléchir, je me demande si la crainte, l'angoisse même des parents biologiques d'avoir un fils homosexuel n'est pas liée à l'absence de descendance, de transmission. C'est différent avec les filles qui, même homosexuelles, peuvent avoir des enfants. Peut-être que l'angoisse des parents serait moins vive si les homosexuels avaient le droit d'adopter. C'est un débat de société, actuel, non fermé.

Bien sûr, certains vont protester : que deviendront des enfants élevés par deux parents du même sexe ? Des études menées en Europe du Nord, où l'on dispose d'un recul suffisant, prouvent que les enfants adoptés par un couple homosexuel stable ont la même organisation psychique que les enfants adoptés par un couple hétérosexuel stable. Reste les problèmes pouvant surgir en cas de séparation ou de mauvais comportement. Mais l'hétérosexualité est-elle une garantie de durée et de bonne conduite ? Quant aux enfants, il apparaît qu'ils repèrent parfaitement la part féminine de l'homme représentant la mère et la part masculine de celui qui va représenter le père.

La question qui se pose à travers l'histoire de Camille est celle de l'organisation de la thématique sexuée. A la naissance, un bébé ne connaît pas son sexe ; en revanche, tout le monde le connaît pour lui. On projette ainsi sur son enfant son propre sexe : un homme projette sur sa fille sa part masculine et aussi sa part féminine ; une femme projette aussi sur son fils sa part féminine et sa part masculine.

Des études faites aux Etats-Unis montrent que c'est vers 18 mois qu'un enfant connaît son sexe psychologique. On le voit à ses jeux, ses attitudes qui sont autant d'imitations et d'identifications : lorsqu'une gamine glisse ses petons dans les chaussures à talons de sa maman, on voit qu'elle l'imite et qu'elle a ainsi choisi son sexe. Idem pour le garçon qui fait semblant de conduire une voiture, comme papa, et invective copieusement tous ceux qui ne respectent pas son code de la route.

Plus tard, cette thématique sexuée fait que garçons et filles manifestent leur opposition de façon différente : les secondes vont dire « non » en souriant — pas toujours, mais tout de même ! —, les premiers en criant. On observe déjà un sexe plus combattant, plus opposant chez le garçon que chez la fille, observation qui se vérifie à bien des occasions. C'est ainsi que l'encoprésie, signe d'opposition sociale, est plus vive chez le garçon, également adepte du combat, des coups de pied et de tête, des morsures, alors que la fille sera davantage en proie à la passivité, au repli sur soi, à la somatisation ou à l'affection corporelle.

Arrive ensuite la période de l'Œdipe, assurément la période la plus sexuée de notre vie, au plan fantasmatique imaginaire. Le petit garçon trouve que sa maman est la plus jolie de toutes les femmes, la petite fille voit son papa comme le plus formidable des hommes et tous deux éprouvent vis-à-vis du parent du même sexe une agressivité palpable... Remarquons ici que le fameux complexe se joue bien à trois et non à deux : Jocaste n'aurait jamais eu de relations incestueuses avec son fils si celui-ci n'avait pas tué son père. Notons également que si une telle histoire a pu se produire, c'est parce que les bergers qui avaient recueilli Œdipe ont gardé le secret quant à ses origines. Voilà sans doute pourquoi les psychanalystes, profondément marqués par la tragédie œdipienne, conseillent toujours aux parents de révéler aux enfants tous les secrets familiaux !

A la sortie de la phase œdipienne, chaque enfant a choisi son sexe par identification massive : je veux être comme papa, aussi fort que lui, pensent les garçons ; je veux être comme maman, aussi belle et aussi gentille, pensent de leur côté les filles. Il se peut alors qu'il y ait un choix homosexuel précoce : si un garçon ne réclame que des poupées et ne veut jouer qu'avec des filles, l'hypothèse du choix sexué est tendue. Attention toutefois à ne pas confondre un choix de jeux et de jouets exclusif, et le déguisement. Si un garçon s'habille parfois en femme, en fée ou en sorcière, il est tout à fait adéquat dans l'agressivité. Le déguisement et son aspect carnavalesque, presque outrancier, permettent en effet une transgression du sexe, de l'âge et du temps. (Il n'y a qu'à voir, au carnaval de Venise, les vieux barbons se grimant de longs nez et de masques lisses tandis que les ex-jolies Capucine jouent les vieilles comtesses avariées.)

Un point d'importance : durant toute la période de l'Œdipe, la sexualité très vivace se passe au plan psychologique et imaginaire, mais elle n'est pas sexuée, exception faite de la masturbation, particularité originale qui est physiologique ; il est normal de se masturber pour découvrir son corps, au sens de schéma corporel, et éprouver des émois cutanés au niveau des organes génitaux. Si les petites filles poussent souvent la masturbation plus loin, c'est que leur sexe est beaucoup plus difficile à connaître et à comprendre que celui du garçon, visible et manipulable.

Après la conquête œdipienne — conquête de son sexe, de son appartenance, de son identification —, la sexualité étant acquise, il faut l'abandonner. C'est la phase de latence des émois sexués, durant laquelle, curieux et ouvert, on peut enfin s'intéresser à tout, partir à la découverte de toutes sortes de connaissances, de l'écriture aux mathématiques, de la géographie au dessin. Les religions monothéistes traditionnelles, conscientes du formidable potentiel des enfants, ont d'ailleurs bien compris que c'est à cet âge qu'il faut commencer leur apprentissage...

La phase de latence est aussi celle où les filles ne veulent plus jouer qu'avec des filles, les garçons veulent rester entre eux, s'habiller en garçon. « A bas les filles », sifflent-ils dans la cour de récréation ; « Bouh les garçons ! » raillent-elles en s'éloignant.

Tout va bien dans le meilleur des mondes, sauf qu'à l'adolescence la sexualité resurgit et occupe le premier champ de la pensée, avec une masturbation agie cette fois, pour un plaisir physique, directement sexuel. C'est alors que la sexualité passe par un stade presque obligé de bisexualité ou d'homosexualité transitoire avec le ou la meilleur(e) ami(e), sur qui l'on se projette pour pouvoir devenir soi et aborder enfin les premières vraies rencontres amoureuses. Les filles sont alors plus « avantagées » que les garçons : les règles signent l'appartenance à l'âge adulte, et tout est fait pour aider et organiser leur sexualité — pilule, planning familial... Comme si l'on croyait encore que, pour eux, les choses se passaient naturellement et sans heurts, les garçons ne bénéficient pas de la même attention et taisent leurs inquiétudes et leurs doutes en cas — beaucoup plus fréquent qu'on ne le pense — d'éjaculation précoce ou d'impuissance. Si l'on sacralise encore et toujours la « première fois » des filles pour qui l'on rêve du prince charmant, on le fait beaucoup moins pour les garçons, qui doivent se débrouiller comme ils peuvent, signe de virilité aux yeux d'adultes ayant oublié leurs propres difficultés.

Pourtant la sexualité adulte reste toujours profondément marquée par la sexualité infantile ; on garde, en séquelle, en trace ou en capacité, les émois vécus à un stade ancien, très archaïque ; ces émois que nous procuraient les caresses, les massages, les câlins, les odeurs de nos parents. Mais on oublie tout notre parcours sexué vécu au plan imaginaire, latent et agi, de l'enfance jusqu'à l'adolescence.

IL N'Y A PAS QUE LA
PSYCHOTHÉRAPIE DANS LA VIE

Nos positions, nos théories s'effondrent parfois devant les réalités terribles qu'ont vécues les enfants et leurs parents. Il faut alors relativiser les positions classiques, en finir avec le confort du psychothérapeute. Nous voici en terrain découvert, qui peut être miné. Les bonnes intentions deviennent des maladresses, et les présupposés cèdent devant les réalités cliniques. C'est peut-être ce qu'il y a de plus fascinant en psychothérapie : elle est un chemin mais elle ne saurait prétendre être la seule voie.

Grégory, l'enfant battu

Grégory a 9 ans quand nous le rencontrons à la demande de l'assistante sociale d'un petit village des Bouches-du-Rhône. Il lui a été signalé par tout le village car il mendie de la nourriture, en disant que ses parents le maltraitent : alors que ses deux sœurs sont traitées normalement, lui se voit privé de manger et dort sur un matelas sans draps ni couvertures, posé à même le sol dans un réduit à balais, sans chauffage ni électricité.

L'assistante sociale a constaté avec effroi que le petit disait vrai : les deux sœurs sont de véritables petites filles modèles à rubans. Pomponnées, choyées, elles narguent leur frère, se moquent violemment de lui. Les parents, eux, se défendent en prétextant que le gamin est énurétique, qu'il sent mauvais, qu'il le fait exprès et qu'eux ne supportent plus d'avoir à changer encore les draps quand ils ont essayé tout ce qui était possible pour le guérir de cette satanée énurésie. Précisons ici que lesdits parents sont connus des services sociaux, non pas pour maltraitance mais pour avoir eux-mêmes signalé des sévices effectués sur un de leurs cousins par leur oncle... Drôle d'histoire que de dénoncer ce que l'on va soi-même commettre.

Grégory est donc placé en observation dans le

service : pour le protéger des mauvais traitements de sa famille autant que pour évaluer les conséquences des traumatismes physiques et psychiques qu'il a subis. Il se révèle d'une intelligence normale, avec une très violente agressivité vis-à-vis de ses sœurs, compréhensible cependant eu égard à ce qu'il a vécu.

Bientôt, nous décidons d'un placement familial qui nous apparaît idéal à tous points de vue : le père est menuisier, la mère institutrice, et ils ont deux filles. La famille d'accueil, comme une reproduction de la famille qu'il a perdue. Une étape transitoire, en attendant, peut-être, un éventuel retour chez lui.

Dans un premier temps, le père d'accueil s'occupe énormément de Grégory : il aménage sa chambre, construisant avec lui une mezzanine, des étagères, des jouets. De son côté, la mère reprend avec l'enfant le programme scolaire, pour pallier des difficultés importantes, en mathématiques surtout. Les deux filles, prévenues de l'arrivée de cet enfant, l'acceptent bien volontiers.

Pourtant, très vite, les choses se détériorent. Les vélos de la famille sont régulièrement retrouvés avec les pneus crevés — sauf celui de Grégory qui se défend de faire des choses pareilles. Néanmoins, force est de constater que crever les pneus était déjà une de ses ripostes favorites aux moqueries et humiliations de ses sœurs. Les parents d'accueil comprennent d'ailleurs que, dans le fond, Grégory se décharge ainsi d'une souffrance. Mais aussi compréhensifs soient-ils, ils sont bientôt dépassés par l'attitude de cet enfant rebelle. En effet, il bat et tyrannise les deux filles qui, pourtant, ne ménagent pas leurs efforts pour l'intégrer à leurs jeux. Puis il se remet à faire pipi au lit. La nuit d'abord. Et aussi le jour, la première fois à l'école, le jour même où sa mère d'accueil vient voir son institutrice pour parler de ses résultats scolaires. Les malheureux parents sont à bout et me confient : « Nous avons l'impression d'avoir échoué ; nous sommes près de le battre... »

Je revois alors Grégory qui nie en bloc tous les méfaits qui lui sont reprochés mais, la situation n'allant pas en s'améliorant, quelque temps plus tard, il n'y a plus d'autre solution que de le placer dans une institution, où il ne posera plus le moindre problème. Il rejoindra ensuite un foyer d'adolescents et, à 18 ans, s'orientera vers une activité professionnelle qu'il choisira lui-même : la menuiserie.

Aujourd'hui Grégory est marié et père de deux enfants avec qui il a d'excellentes relations.

On peut se demander pourquoi Grégory s'est donné tant de peine pour se faire rejeter par sa famille d'accueil. Pourquoi il n'a pas voulu profiter de la chance qui lui était donnée de vivre enfin dans un foyer paisible et aimant. Et, là, le psy que je suis est bien obligé de reconnaître qu'il a fait une erreur en propulsant cet enfant dans une famille « parfaite ». C'était comme si je lui disais de façon péremptoire : « Regarde comme ils sont gentils et donc, par comparaison, comme tes parents à toi sont affreux et méchants. » Or, lui, il a tout fait pour rendre ces gens méchants à leur tour, car c'était une façon de protéger ses parents, de les rendre en quelque sorte « normalement méchants ».

René Diatkine disait : « Tant qu'on n'a pas renoncé à l'ambition de guérir à tout prix, on risque toujours d'en vouloir à celui qui ne se laisse pas soigner. » Dans mon cas, on pourrait dire : Tant qu'on n'a pas renoncé à l'ambition de tout restaurer, on risque d'en vouloir à celui qui démolit nos propositions. Grégory nous montre qu'il faut un temps de deuil avant de, peut-être, pouvoir s'adapter à une famille d'accueil.

Moi, je me suis emberlificoté dans l'empathie identificatoire, je me suis pris pour ce gosse — or, il peut être dangereux de se sentir trop proche... — et j'ai fait pour lui ce que j'aurais voulu que l'on fasse pour moi si j'avais été dans le même cas. J'ai eu tort. Quand on a perdu une famille, il faut savoir ne pas en avoir une autre tout de suite. C'est là un problème essentiel car tout le système actuel, celui de l'ASE[1] ou de la DASS, est de maintenir les liens à tout prix. Alors que, au contraire, il faut savoir les rompre, reconnaître que ces parents-là ne sont pas bons pour cet enfant-là et, en un sens, arriver à se dire que c'est tant pis pour l'un comme pour les autres. Et, plutôt que de chercher à instaurer de nouveaux liens, il faut laisser à l'enfant le temps de réaliser qu'il a perdu une famille.

L'histoire de Grégory est intéressante parce qu'elle montre que, contrairement à ce qu'on affirme trop souvent, il n'y a pas de phénomène de répétition à travers les générations.

J'ai eu l'honneur de travailler pendant quelques années avec une institution du Haut-Var, ouverte dans les années 1940, qui accueillait des enfants victimes de sévices physiques ou nutritionnels, et d'autres enfants, errant sur les routes à la suite de la Seconde Guerre mondiale, tout droit sortis de *Jeux interdits,* ceux que l'on désignait sous le terme de « misère sans nom ». Six cents petits malheureux ont ainsi atterri dans cette institution tenue par trois éducatrices qui leur ont consacré toute leur vie, leur assurant logement, nourriture, habillement et scolarisation. Quatre cents de ces enfants aujourd'hui devenus grands continuent de

---

1. Aide sociale à l'enfance.

donner de leurs nouvelles aux deux éducatrices survivantes. Qu'ont-ils fait de leur vie ? Ont-ils répété les sévices vécus dans leur enfance, au sens trangénérationnel, comme on le dit souvent ? 93 % d'entre eux sont devenus d'excellents parents et de non moins merveilleux grands-parents. 7 % seulement ont reproduit sur leurs enfants les sévices dont ils avaient été victimes. Et pourtant, on ne stigmatise que ces 7 % là, et on s'empresse d'en tirer des conclusions alarmantes sur le phénomène de reproduction.

La seule conclusion qui vaille est à l'opposé : avoir une enfance malheureuse permettrait plutôt de devenir bon parent et bon grand-parent. Quand on a vécu quelque chose de douloureux dans l'enfance, on fait tout pour ne pas reproduire mais au contraire pour réparer ce qu'on n'a pas eu. Comme Grégory qui s'est dit que lui serait un excellent papa et qui le prouve.

Il y a peu de temps, j'ai parlé avec Grégory de mes erreurs. Il s'est contenté de sourire en disant : « Peut-être que tu voulais bien faire... » Il avait compris, lui, les vraies raisons de mon comportement.

Recherche des origines

A 15 ans, Jérôme ressemble à son père : même allure, même démarche, même coiffure et certaines expressions communes. Le père, avocat de son métier, porte beau, la mère est peu attrayante, grosse, effacée... L'adolescent manifeste une grande agressivité à l'égard de cette dernière qui a insisté pour consulter : en effet, son fils souffre d'une perte de confiance en soi qui l'amène à s'isoler des autres ; il connaît par ailleurs de grandes difficultés scolaires.

D'entrée de jeu, les parents précisent qu'ils ont adopté Jérôme lorsqu'il avait quelques mois. Et devant lui, ils racontent l'habituel parcours du combattant, les tentatives de procréation médicalement assistée, mais sans jamais préciser qui, dans le couple, était stérile. Etait-ce lui ? Etait-ce elle ? Visiblement, ils ont du mal à aborder ce sujet.

Bien qu'ils affirment que la petite enfance du garçon adopté a été facile, ils racontent néanmoins des troubles du sommeil importants, leur imposant de dormir alternativement avec lui durant de nombreuses années. (Là, je suis tenté d'avancer déjà une explication toute faite : un trouble de la sexualité dans le couple aurait été perçu par l'enfant qui aurait alors réclamé sa place dans ce lit en fin de compte peu conjugal.)

Jérôme a parlé tôt mais, en revanche, il dessinait très mal. Première faille, première difficulté qui interroge profondément les parents : l'enfant adopté se doit généralement d'être parfait car l'amour et l'éducation vont pallier tous les défauts des origines. Les parents supportent plus facilement les difficultés de leurs enfants lorsqu'ils se reconnaissent à travers elles ; les parents adoptants doivent accepter des défaillances qui les renvoient à une origine génétique qu'ils ignorent et qui remettent ainsi en doute leur certitude que l'amour peut tout.

Plutôt agité de nature, Jérôme tenait peu en place, et dès les premières années de sa scolarité dans une école privée, il a donné du fil à retordre aux enseignants. Il a fallu plusieurs interventions du père pour défendre ses excès de mauvaise conduite et ses résultats très insuffisants, et pour le faire enfin accepter au collège. Dès la sixième, le directeur des études convoquera les parents afin de leur faire part de ses inquiétudes quant à l'avenir de Jérôme, mais ils refuseront de l'entendre.

Arrivé en classe de 5e, Jérôme se met à voler d'importantes sommes d'argent, à ses parents, mais aussi à certains de leurs amis. Ces larcins lui servent de fonds pour des achats futiles et régressifs : grandes quantités de bonbons et autres gadgets qu'il distribue à des comparses de collège, même pas des amis. Il nie absolument mais son père le piège, marquant certains billets comme autant de preuves des passages à l'acte délictueux.

La mère, plutôt silencieuse jusque-là, prend alors la parole. Visiblement moins optimiste que son mari, elle nous précise que, quelques jours avant notre rendez-vous, Jérôme a quitté la maison pour trouver refuge chez un ami. Les parents de ce dernier les ont heureusement avertis de la présence de leur fils chez eux et Jérôme est rentré au bercail.

Je fais ici remarquer aux parents que j'ai souvent été confronté à la même situation avec des enfants adoptés : comme s'ils voulaient vérifier qu'ils étaient bien admis et aimés, malgré leur conduite provocante et agressive. C'est aussi une façon d'exprimer leurs craintes sur une possible filiation suspecte (« Suis-je fils de voleur ? ») et une recherche de confirmation d'amour. Comme si, à l'adolescence, les adoptés avaient besoin d'évaluer leur degré d'intégration dans la famille et de vérifier l'attachement qu'on leur porte, quelle que soit leur origine, bonne ou mauvaise.

Depuis plus d'un an, j'ai la charge d'animer, à l'hôpital de la Timone, une unité qui reçoit des adolescents âgés de 11 à 19 ans. Surprise épidémiologique : 1/4 des ados hospitalisés sont des enfants adoptés et de milieu socio-culturel élevé. Très loin des cas sociaux abandonnés, nous sommes ici face à des cas d'adoption précoce par des gens conscients, ayant bien travaillé le processus d'adoption selon les préceptes que nous, psychiatres ou psychologues, leur donnons toujours : dire la réalité de l'adoption, ne pas nier les origines, ne pas éluder les questions... Pourtant ces enfants bien adoptés éclatent à l'adolescence dans des troubles du comportement et une agressivité considérable vis-à-vis de leurs parents adoptifs, apparemment parfaits. En « déviant », les enfants s'éloignent du modèle proposé par leurs parents adoptifs et, en désinvestissant les études, ils se donnent les moyens de ne pas accéder à la même carrière qu'eux (avocats, profs de fac, professions indépendantes...). Ils montrent ainsi à leurs parents qu'ils ne sont pas ceux qu'ils souhaitaient avoir et pervertissent la relation familiale, retrouvant du génétique dans leur échec, comme une trace des anciens parents délétères qui les ont abandonnés. Il faut ici admettre que les bons parents adoptants ne font pas forcément les bons adoptés, et qu'il n'y a pas de raison pour que l'adoption empêche les ruptures de l'adolescence. Comme les enfants biologiques, les enfants adoptés ont besoin de rompre avec leurs parents. Mais pour ceux-là, l'adoption entraîne une culpabilité terrible : l'idée de placer leur enfant en pension par exemple leur donne l'impression de l'abandonner à leur tour, une deuxième fois, alors même qu'une séparation peut être un bon moyen de relancer les choses plus tard, une fois les tensions de la crise apaisée. Cette expérience me laisse à penser qu'il ne suffit pas d'adopter précocement un bébé, exotique ou non, pour être parents. On ne devient parents que dans les difficultés de l'adolescence.

Les consultations se déroulent toujours de la même façon. Dans un premier temps, je reçois l'ensemble de la famille. Je demande aux parents d'expliquer les raisons de leur démarche en présence de l'adolescent qui, généralement, s'enferme dans le silence et l'hostilité pour bien manifester que, lui, ne voulait pas venir. Dans un second temps, les parents sortis, je reste seul avec l'adolescent. Deux principes président aux entretiens : la confidentialité et le respect des parents. La première assure à l'adolescent que ce qui est dit restera entre nous et ne sera jamais répété, ce qui permet d'instaurer la confiance. Le second m'impose de ne pas m'associer à la critique que les ados émettent sur leurs parents. Pas question de fusionner, de jouer les complices : « Je te comprends, je ne sais pas comment tu fais pour les supporter, ils sont vraiment casse-pieds... » Bien loin de m'attirer les faveurs de mes jeunes patients, cette attitude ne ferait qu'éveiller leur méfiance puisque eux-mêmes ne sont jamais tout à fait convaincus de ce qu'ils affirment avec véhémence parfois.

Enfin, dans un troisième temps, je fais de nouveau participer les parents pour leur faire part de mes propositions thérapeutiques. On observe alors que l'ado, buté dans le silence et l'opposition au début, n'arrête plus de parler. A noter que mes propositions thérapeutiques concernent exclusivement l'enfant ou l'adolescent. Il peut m'arriver, au bout de quelque temps, de conseiller aux parents d'entamer une démarche de leur côté, mais uniquement s'ils m'en parlent d'abord. La thérapie familiale ne fait pas partie de ma formation, c'est pourquoi je ne peux la préconiser avec justesse et précision ; en revanche, tous les trois ou six mois, je réunis les parents et l'adolescent afin de faire le point.

Seul avec moi, Jérôme se montre particulièrement hostile et peu coopérant. Il se méfie, persuadé que j'en sais beaucoup plus que ce que m'ont raconté ses parents en sa présence. Il se plaint beaucoup de sa mère qui s'est renseignée auprès d'amis pour avoir l'adresse d'un psychiatre. Il lui en veut, il pense que ça ne sert à rien. Quand je lui demande les raisons de son agressivité, il semble très désarçonné et répond vivement par une autre question : « Mon père ne vous a pas expliqué ? » Aussitôt une multitude d'hypothèses se fait jour dans mon esprit prompt à envisager toutes les possibilités : Ses parents veulent-ils se séparer ? Jérôme est-il au courant d'une liaison de son père ? Sa mère l'a-t-elle dénoncé pour ses vols ? Est-elle déprimée ? Aucune de ces suppositions ne s'avérera juste, mais Jérôme refuse pour l'instant de dialoguer sur ce sujet, préférant parler de son isolement et de son manque de confiance en lui.

Paradoxalement, il accepte de me revoir et il va venir, régulièrement, pendant un peu plus de deux ans, au rythme d'une séance par semaine. Nos entretiens sont difficiles car il refuse d'aborder sa problématique d'échec. Il est impulsif, et le passage à l'acte réduit chez lui la pensée qui a du mal à se structurer. Pour schématiser, on pourrait dire qu'on agit quand on ne réfléchit pas. C'est le cas de Jérôme qui n'arrive visiblement pas à penser : il est toujours agressif, claque la porte en entrant, interrompt volontiers la consultation... Comme s'il était incapable de se détacher des sévices de ses origines. Car c'est bien une manière de sévices qu'on lui raconte, difficile à entendre et à se représenter.

Pour être tout à fait honnête, je patauge un peu dans la compréhension et l'interprétation du comportement de cet adolescent... Jusqu'au jour où son père me fait cette incroyable confidence :

« J'ai toujours dit à mon fils que j'étais son vrai père : je l'avais eu avec une prostituée, puis ma femme et moi l'avons adopté. »

Stupéfiante révélation qui a le mérite de m'éclairer sur les difficultés de Jérôme. Ainsi donc, le père a menti à son fils, lui ordonnant de ne répéter ce « secret » à personne, et surtout pas à la mère, dans le seul but de cacher sa stérilité. Puisqu'il affirme avoir eu cet enfant, c'est bien qu'il n'est pas stérile et, par la même occasion, pas impuissant non plus. C'est un étrange fantasme que d'associer toujours stérilité et impuissance, alors qu'on peut être stérile et puissant, impuissant et non stérile ! Reste que le père est un stérile menteur et, à cause de sa propre pathologie — son incapacité à admettre sa stérilité —, il entraîne son fils dans une agressivité vis-à-vis de la mère qui, du coup,

apparaît deux fois mauvaise : parce qu'elle est stérile, parce qu'elle a accepté d'adopter l'enfant que
son mari a eu d'une autre. L'image de la mère étant
ainsi invalidée, Jérôme ne peut s'identifier qu'à
son père. Un schéma pareil, boiteux, n'aide pas à
se construire. Parce que pour se construire, on a
besoin de modèles auxquels s'identifier, pas seulement un modèle du même sexe, mais aussi un
modèle du sexe opposé. Fille ou garçon, un enfant
doit pouvoir prendre des choses chez son père et
des choses chez sa mère, pour arriver à se fabri-
quer, soi, différent et singulier, une personne à
part entière en somme. Mais lorsque l'un des deux
parents est défaillant, on reste accroché à l'autre
image qu'on idéalise. C'est ce qui arrive à Jérôme :
à cause du mensonge du père, la mère apparaît
comme pratiquement inexistante. En plus le père
est beau, brillant, la mère plutôt terne, grosse, peu
désirable, peu comestible sexuellement. Alors que
le père apparaît comme un modèle idéal.

Et là, il faut se méfier : il n'y a rien de pire pour
un enfant que d'avoir des parents idéaux ! La question est de savoir ce qu'est un bon parent : un être
parfait en tout point, donc inaccessible et qu'on ne
peut jamais ni égaler, ni déborder ? Ou un être
humain, sur lequel on peut poser des limites, des
incapacités, chez qui on repère des failles ?

Que les parents se rassurent : dans un premier
temps, ils seront de toute façon parfaits aux yeux
de leurs petits qui les métamorphosent en êtres
merveilleux, doués de pouvoirs qui ne sont pas les
leurs. Mais à l'adolescence, pour partir à la
conquête de sa vie, s'affirmer en tant que personne
autonome, il va falloir casser ces images idéalisées
de l'enfance. Si elles sont « incassables », on ne
peut pas devenir soi et on reste dans la fusion,
homosexuelle avec le parent du même sexe, inces-
tueuse avec le parent de l'autre sexe.

Un mot encore à propos de l'identification : les enfants ont cette étrange particularité de s'identifier davantage au parent qui est le plus fragile. Celui qui érotiquement, lors de la période du complexe d'Œdipe, entre 3 et 6 ans, les excite le plus : « Maman est fragile, je me rapproche d'elle », « Papa est fragile, je me rapproche de lui... » Plus le parent est fragile, plus il a besoin de l'enfant, c'est du moins ce que croient les petits. Ce qui est étonnant avec Jérôme, c'est qu'il s'identifie massivement à son père, comme s'il avait pressenti la faiblesse que celui-ci s'obstine à masquer.

Jérôme a de son père une image si idéalisée qu'il ne peut se montrer agressif envers lui. Mais comme il est malgré tout en proie aux pulsions propres à l'adolescence de remise en cause systématique, il retourne l'agressivité contre lui-même. Il perçoit bien quelque chose de curieux et d'étrange dans l'histoire qu'on lui raconte, mais ne s'autorisant pas à douter de son père, il doute de lui, il perd confiance.

Cela dit, il se rattrape en quelque sorte en volant. Il y a un double aspect dans ce vol. C'est un vol œdipien, régressif : « Je vole ce qui vous appartient à vous et pas à moi, pour m'approprier des origines qui ne sont pas les miennes. » C'est aussi une volonté de casser un pouvoir tout-puissant : « Je te vole, donc je te casse, je te démolis... »

Voler est un délit, le voleur un hors-la-loi : quand on a un père avocat, voilà sans doute un plus dans une provocation qui, de la part d'un adolescent, n'est jamais totalement innocente. Avec un père ou une mère enseignant, c'est particulièrement bien joué de développer une phobie scolaire ! De même que quand l'un des parents est psychiatre, ce n'est pas mal non plus de faire une déprime. Le pire c'est que c'est souvent le cas, comme si les adolescents développaient leurs pathologies respectives en fonction de ce qu'ils repèrent chez leurs parents : « Ça te fait d'autant plus mal que j'appuie là où je sais que tu ne peux pas le supporter. » Cela peut paraître étrange, mais en réalité c'est tout ce qu'il y a de plus normal puisque l'adolescent va toujours puiser ce qui peut être contradictoire pour pouvoir s'opposer.

J'ai eu longtemps l'impression de piétiner avec Jérôme. Pourtant les parents m'affirmaient que, dans la vie quotidienne, leur fils semblait aller beaucoup mieux. Preuve que, parfois, le patient avance davantage que le psychothérapeute, qu'il doit l'aider à comprendre qu'il a évolué, sans quoi le psy risque de jouer les prolongations. Ce genre de décalage entre ce que nous percevons et ce que vivent les parents est pourtant fréquent, comme si le fait d'être reconnus dans leurs difficultés réciproques suffisait à alléger le poids de la vie quotidienne des adolescents et de leurs parents. De son côté, le psy marche au près serré, il doit tenir bon longtemps. Tout occupé à maintenir le cap, il ne voit pas toujours quand tout cela va se terminer, quand on va enfin toucher terre.

J'ignore ce qu'est devenu Jérôme. Si l'on en croit les hypothèses les plus en vogue, avec un tel passé, une telle souffrance à l'origine, il risque d'avoir du mal à se construire un avenir. Mais il faut se méfier de ces pronostics dramatiques qui condamnent, car avec les enfants et les adolescents, plus encore qu'avec les adultes, tout est ouvert, tout est possible. On ignore tout de ce qui peut se produire dans leur vie et qui sera susceptible de les aider à redresser la barre. Ça peut être des rencontres, un(e) meilleur(e) ami(e), une histoire d'amour, une passion sportive, une orientation scolaire ou professionnelle. Heureusement, il n'y a pas que la psychothérapie qui permette de s'en sortir. Elle n'a pas, ne doit pas avoir, d'aspect totalitaire sur l'évolution des gens. Voilà qui devrait nous rappeler, nous, explorateurs de l'inconscient, à plus d'humilité, quand la tentation de la toute-puissance menace de nous métamorphoser en démiurges.

Le meilleur pâtissier de France

A propos d'humilité, voici un exemple à méditer.

Marc a 6 ans et de vives difficultés scolaires en CE1. Il déchire ses cahiers, les jette par terre, pleure, quitte la salle de classe... Le bilan que nous effectuons nous révèle pourtant une grande intelligence, puisqu'il fait partie des 10 % d'enfants dont le QI dépasse 130.

D'autre part, Marc est énurétique mais de façon très particulière : toutes les nuits, il fait pipi, non pas dans son lit, mais directement sur le sommier. Il a beau affirmer et répéter qu'il ne le fait pas exprès, qu'il ne s'en rend pas compte parce qu'il dort, on peut difficilement le croire. Manifestement, il y a dans ce geste beaucoup de provocation et d'agressivité à l'encontre de ses parents, des gens un peu frustres, peu habitués à de tels frasques avec leurs autres enfants et qui paraissent légèrement à bout à cause du comportement de leur fils.

A l'issue de la première consultation, je propose de prendre Marc en hôpital de jour, ce que les parents acceptent sans protester.

A cette époque, on prend en hôpital de jour des enfants « normaux », intelligents mais échouant à l'école, qu'on scolarise à l'extérieur. Ils passent ainsi la journée à l'école, et rentrent le soir dormir dans le service. Nous collaborons avec deux enseignant(e)s, chacun(e) travaillant avec une équipe spécialisée : éducatrice, psychomotricien, orthophoniste, et un petit effectif de six ou sept enfants. Nous espérons que cette intégration permettra de les relancer dans une école normale. Notons en souriant que, au début de cette expérience — en 1976, avant la mise en place de la politique d'intégration — on avait relégué notre drôle de classe dans un cafouche (en marseillais dans le texte, traduisons par « placard à balais »), avant que la direction accepte de nous construire une salle de classe de fortune en dur, prouvant ainsi les qualités de bonne intégration de l'équipe de psychiatrie au sein de l'école.

Marc restera trois ans mais, au bout de ces trois ans, rien n'a changé : il continue de refuser tout apprentissage scolaire, ne sait ni lire, ni écrire, ni compter. Et, toutes les nuits, il continue de soulever le matelas pour faire pipi sur un sommier que l'on est obligé de changer régulièrement.

Devant ce qu'il faut bien reconnaître comme un échec, nous renonçons et proposons de placer Marc dans une institution pour enfants normalement intelligents en difficulté scolaire.

Première bonne leçon à tirer de ce cas : ce gamin très intelligent avait immédiatement éveillé notre sympathie et nous pensions, sans le dire, que ses parents n'étaient pas à la hauteur. Sauf que, une fois placés en position parentale puisque nous suivions l'enfant tous les jours, nous nous sommes vite aperçus que nous ne faisions pas mieux qu'eux.

Marc va donc passer encore trois ans dans l'institution que nous avions trouvée pour lui. Le moins que l'on puisse dire, c'est que sa situation ne s'améliore pas : à 12 ans, il n'en fiche pas une, se montre agressif, fugue à plusieurs reprises, connaît des problèmes de toxicomanie... Plus exactement, il fume du haschich, pratique qui est souvent associée à l'agressivité, aux fugues, aux troubles de la scolarité, à l'insomnie ; ce qui signifie que ce n'est pas la consommation de haschich qui crée les troubles, mais qu'elle vient s'ajouter aux troubles déjà présents. Souvent les parents m'amènent leur adolescent après que celui-ci leur a avoué avoir tiré sur un joint au cours d'une soirée. Et le plus souvent je leur dis que la consultation est terminée, à partir du moment où les ados ont justement avoué la « fumade ». Il ne faut pas confondre la consommation de haschich le samedi soir en groupe — qui est à rapprocher du rite initiatique — avec la consommation pluriquotidienne, où le haschich vient remplacer les médicaments et est utilisé comme un anxiolytique, parfois efficace pour le sujet qui ne peut pas fonctionner sans cela. Le haschich dont on a besoin et auquel on est fixé devient une drogue, alors que le haschich fumé lors d'une soirée entre amis est un comportement de transgression, comme l'alcoolisme mondain des parents d'ailleurs.

Pour en revenir à Marc, son comportement est tel que les responsables de l'institution décident aussi de s'en séparer. Et c'est ainsi que nous perdons toute trace de cet enfant visiblement imperméable à tout soutien, psychologique ou scolaire.

Fin de l'histoire ? Non.

Quelques années plus tard, je me rends en taxi à l'hôpital de la Timone auprès du petit Michel dont j'ai déjà parlé. Arrêté à un feu en haut du boulevard Baille, je contemple par la vitre ouverte le ciel balayé par le mistral, quand un pâtissier en

tenue surgit de son magasin et tape sur le capot
en criant :

« Rufo, ne bouge pas, j'ai un cadeau pour toi. »

Malgré le temps qui a fait de lui un jeune adulte,
je reconnais Marc. Aussitôt, je sors de la voiture
et ordonne au chauffeur de ne pas redémarrer
sous prétexte qu'il s'agit d'un arrêt thérapeutique !
Perplexe, le chauffeur s'exécute en râlant, calmant
les coups de klaxon énervés des conducteurs
immobilisés à cause de nous d'un « Ne bronchez
surtout pas, c'est un voyou ! » qui me désigne.

Marc vient mettre un terme à cette bruyante
attente, déposant sur le capot une superbe tarte
aux pommes :

« C'est moi qui l'ai faite, je te la donne, je suis
le meilleur ouvrier de France. »

Cette tarte appétissante, il aurait très bien pu
me l'envoyer au visage, pour me remercier de mes
bons services passés. Mais il a préféré me l'offrir,
tout heureux de me montrer qu'il avait réussi là
où j'avais échoué.

Deuxième bonne leçon à retenir : Là où nous
avons été le plus utile avec Marc, c'est en abandon-
nant, en le laissant poursuivre sa voie sans plus
intervenir. La rencontre avec un pâtissier a été
plus bénéfique pour lui que la rencontre avec le
psychiatre que je suis. Comme quoi l'investisse-
ment professionnel peut lui aussi aider à lutter
contre un désarroi intime, le sujet allant alors puiser ailleurs que dans des consultations ce dont il
a besoin pour se construire et se stabiliser.

J'ai accepté la tarte, remercié et félicité Marc. Je
n'ai pas posé de questions et je ne sais rien d'autre
de lui. C'était juste une belle rencontre, riche
d'enseignements : même les échecs de la psychiatrie peuvent se ressourcer ailleurs.

Mais voilà que je redeviens spécialiste, alors que
je devrais me méfier ! Prendre conscience de mon

échec par l'intermédiaire d'une tarte aux pommes renforce mon oralité. Dans le développement de l'enfant, Freud a décrit trois stades : oral, anal et œdipien. Le stade oral est sans conteste le plus archaïque ; lait maternel ou biberon, on avale tout, confondant un peu le dedans et le dehors, avant de passer au stade sadique oral, celui des morceaux, par lequel on part à la conquête du monde en le mordant et en le déchirant : il faut pouvoir mordre l'objet pour comprendre que l'objet est différent de soi. Mes origines ligures, la qualité de la cuisine de ma grand-mère et de ma mère, expliquent que je tiens bon sur cette vieille organisation psychologique qui me représente tout à fait.

Le mentir vrai

Elle est infirmière-chef à l'hôpital où j'exerce moi aussi et se présente un jour, très à l'aise, à ma consultation. Sa question est directe : « Mon fils me demande qui est son père, que dois-je lui dire ? » Ma réponse en forme d'interrogation l'est tout autant : « Est-ce moi ? »

J'entends déjà les gardiens de la vertu psychanalytique hurler à la faute, mais je l'assume. Après tout, ce n'est qu'un jeu entre elle et moi, une façon de montrer qu'on peut toujours s'amuser, même en psychothérapie, même à partir d'histoires graves ou tristes. Et cette femme me touche, à quoi bon m'en défendre ?

Je me reprends pourtant : « Et à moi, pouvez-vous dire qui est le père ? » Elle commence par sourire, mais soudain toute sa superbe et la protection de son paraître s'effondrent. Elle me raconte son histoire.

« J'avais 15 ans, et je vivais dans un foyer où j'avais été placée pour fugues à répétition et troubles relationnels avec ma famille. Nous avions des permissions de sortie, mais la règle voulait qu'on soit rentrées à 22 heures au plus tard. Ce soir-là, je déambulais dans le quartier de l'Estaque quand je me suis aperçue que j'avais presque laissé passer l'heure... J'ai hélé un taxi, en lui expliquant la situation : je voulais qu'il me raccompagne mais je n'avais pas d'argent pour le payer. Il a accepté sans rien dire, avec un sourire... Puis il a emprunté un chemin de traverse, s'est arrêté et m'a obligée à une relation sexuelle en dédommagement de la course. Ça a été très bref et j'ai regagné l'institution, honteuse et salie, incapable de parler de ce qui m'était arrivé

J'ai vite réalisé que j'étais enceinte ; j'ai pourtant réussi à dissimuler ma grossesse jusqu'au sixième mois. J'ai alors été transférée dans un foyer spécialisé où j'ai accouché de mon fils... »

Cet accident douloureux ne l'a pas empêchée d'entreprendre des études et de réussir brillamment le concours de l'Ecole d'infirmière qui lui a valu son poste actuel. Aujourd'hui, elle envisage l'école de Rennes, afin de devenir directrice d'hôpital.

Je lui demande enfin de me parler de son fils : « Il est né d'un viol, mais je l'aime. Il a de superbes cheveux blonds et des yeux bleus comme les miens. C'est un beau garçon, athlétique et bon élève. »

Mais que lui répond-elle lorsque, comme tous les enfants, il veut savoir qui est son père ?

« Je lui mens », dit-elle, gênée comme une petite fille prise en faute.

Mais quel joli mensonge ! D'un fait divers sordide, elle a réussi à faire un conte de fées : à 15 ans, elle a rencontré un très beau jeune homme aux cheveux blonds, Suisse allemand en cavale, faisant escale à Marseille dans l'attente d'un départ pour Lorient. Ils ont vécu ensemble cinq mois, squattant un appartement sur le Vieux Port, propriété d'un marin de la Marine marchande. Son bel ami lui a demandé de l'accompagner jusqu'à Katmandou, elle a hésité, il est parti sans l'attendre et sans savoir qu'elle était enceinte. Elle ne l'a plus jamais revu.

Splendide romance dont elle berce son fils depuis qu'il est tout petit, imaginant en fait l'histoire qu'elle aurait voulu vivre et qu'elle n'a pas vécue. Rien ne me semble innocent dans cette histoire-là qui réinvente la réalité : le jeune homme en cavale, c'est elle ; le marin de commerce, c'est le père d'accueil qui offre un toit ; et Katmandou, c'est le rêve... Ce beau mensonge me paraît plus efficace pour le devenir psychologique de son fils que la vérité dans toute sa cruauté.

Il existe pourtant une théorisation mal intégrée, une espèce de terrorisme qui impose de dire la vérité aux enfants, toute la vérité sur leurs origines. « Tu as été abandonné », « Tu as été adopté », « Tu as été conçu par insémination artificielle »... Cela me semble à moi une théorie un peu abrupte qui prend parfois des allures de non-sens.

Pour se construire, l'enfant s'invente ce que l'on appelle un roman familial, notion très importante au plan psychologique et psychopathologique, décrite par Freud dans un seul article, paru dans un recueil de textes dont il n'est pas le seul auteur. Freud explique que ce roman familial apparaît vers l'âge de 5 ou 6 ans. L'enfant se met alors à romancer son histoire, transformant ses banales origines biologiques en origines poétiques et, pour ce faire, se persuade qu'il a été adopté. Freud affirme que la mère reste sûre, c'est le père qui est incertain. La première serait donc fautive, commettant l'adultère, mais pas avec n'importe qui : exclusivement ou presque avec un roi ou un prince. Une façon pour l'enfant de se convaincre qu'il ne peut pas être issu de son père réel, aussi modeste et médiocre, mais qu'il est né d'une histoire d'amour merveilleuse. Autre avantage : il trouve là un bon moyen de régler ses comptes avec la rivalité fraternelle, puisque par la magie de l'imagination, il n'est pas le vrai frère ou la vraie sœur des autres avec qui il est en difficulté.

Le roman familial permet ainsi un nettoyage, un toilettage et une idéalisation des images parentales, plus complètes et plus complexes que les simples images œdipiennes. Ainsi élaboré, il perdure à travers les âges. Et à l'adolescence, certains conflits portent davantage sur un imaginaire projeté par les enfants sur les parents, que sur les parents réels. Ce que l'adolescent leur reproche, ce n'est pas tant d'être ce qu'ils sont, que de ne pas être ce qu'il croyait qu'ils étaient. En clair, il reproche des choses qui n'ont rien à voir avec la réalité, et c'est pourquoi, bien souvent, les parents, en toute bonne foi, ne comprennent rien aux demandes et aux plaintes de leur ado qui doit abandonner cette pensée magique qui l'a aidé à se construire.

Précision importante : le roman familial n'est pas un roman de famille. Il est personnel, intime et intense. Quelles que soient les transmissions parentales, chacun s'approprie quelque chose dont il rêve, qu'il renouvelle et qui n'appartient qu'à soi, une idée idéale de la famille qu'on n'atteindra jamais. C'est ainsi que nos enfants développent leur propre roman familial, alors que nous avons fait des enfants pour coller à notre roman à nous. Equation particulière, source de quelques désillusions, mais qui a le mérite de nous préparer à devenir parents, de meilleurs parents que les nôtres. Dans l'idée fantasmatique du roman familial, on finit certes par reconnaître que sa mère n'était pas si mal que ça, son père non plus, mais sans qu'on l'avoue jamais, chacun continuant de penser qu'il est vraiment mieux.

La thématique du roman familial sert de base à

une grande majorité de contes pour enfants : ils mettent toujours en scène des rois et des reines, qui vont s'occuper d'une souillon, lui permettant ainsi d'accéder à la royauté. Adultes, nous aurions tort de sourire de cette fascination enfantine. Car le roman familial laisse des traces profondes dans notre vie, et il s'illustre bien dans ce que j'appelle le « symptôme des Grimaldi ». Pourquoi sommes-nous si captivés par cette famille, au point d'être au courant de tout ce qui leur arrive ? Elle n'a aucun intérêt majeur, mais la petite principauté représente une projection fantasmatique et fantas-magorique du roman familial. Un prince seul sur son rocher, une belle actrice, très courtisée mais sans nom, qui finit par l'épouser, des filles qui font les quatre cents coups, un fils un peu mystérieux, une disparition tragique... Voilà bien la preuve qu'on a besoin de princes et de princesses pour pouvoir rêver notre histoire familiale.

En grande partie à cause de — ou grâce à — ce roman familial, je pense pour ma part que le mensonge de cette mère n'est pas dangereux pour le devenir de son enfant. Le seul véritable danger de cette histoire, c'est la réalité du viol, parce que le viol induit toujours que l'enfant n'a pas été désiré. Mais il se trouve que dans ce cas, les relations mère-fils sont excellentes. Cette femme aime son enfant, quelles que soient les conditions de sa conception. Alors, en un certain sens, elle a raison de lui mentir : elle invente le père qu'elle aurait souhaité pour lui.

Plus tard, elle pourra peut-être lui raconter ce moment de désarroi momentané dans sa vie mais aussi et surtout, les bénéfices importants qu'elle en a retirés grâce à sa relation avec lui.

Sans doute les psys devraient-ils faire attention : plutôt que de répéter aux parents qu'il faut tou-

jours dire toute la vérité aux enfants sur leurs origines, il vaudrait mieux leur demander s'ils sont
prêts à le faire et s'ils sont conscients de ce que la
révélation de cette vérité peut entraîner comme
conséquences sur le développement de l'enfant.

Non, toutes les vérités ne sont pas bonnes à dire
et le mensonge fait partie du développement psychique de qualité. Lorsqu'un minot, vers 16 mois,
se met à réviser la réalité, on considère cela
comme un progrès dans sa vie psychique. Pourquoi faudrait-il alors que le mensonge soit à tout
prix considéré comme une tare ?

C'est donc avec ma bénédiction, à tout le moins
mon encouragement, que cette femme a menti à
son enfant. Je l'ai revue quelque temps plus tard
et, bien sûr, je lui ai demandé des nouvelles de son
fils que je ne connais pas. Elle a souri :

« Oh ! il va très bien. Le seul problème c'est qu'il
veut maintenant partir à Katmandou ! »

Une autre histoire, en écho à celle-là. Je reçois
un jour un petit garçon de 6 ans, qui était déjà
entré dans la salle d'attente en criant : « J'ai été
adopté ! J'ai été adopté ! », affirmation véhémente
qu'il reprend de plus belle en arrivant dans mon
bureau. Ses deux parents font des signes de dénégation, en lui expliquant :

« Mais non, nous sommes tes parents, nous te
le répétons toujours, et c'est pour cela que nous
t'emmenons voir un psychiatre. »

Mais le gamin, en pleine forme, écoute à peine
et reprend avec vigueur :

« Moi, je te dis que j'ai été adopté ! »

La mère s'agite un peu, murmurant quelque
chose que je ne comprends pas ; je lui demande
d'articuler plus fort, mais c'est un souffle qui me
répond. Je tends l'oreille, le souffle se change en
soupir, ffff... Je crois saisir.

« Vous voulez dire que cet enfant a été conçu par une FIV ? »

Le gamin éclate alors de rire :

« Tu vois bien que j'ai été adopté ! » et il accompagne sa joyeuse déclaration d'une mimique tout à fait étonnante, comme s'il soufflait dans une pipette. Je me tourne vers les parents, un peu surpris :

« Vous lui avez donc expliqué comment se pratique une FIV ?

— On nous a dit de toujours lui dire la vérité. »

Oui, mais la vérité manque parfois cruellement de poésie... Et la réalité scientifique des paillettes congelées est-elle adaptée à l'enfant ? En tout cas, elle ne semblait pas l'être à celui-là qui en savait trop.

Je suis malgré tout obligé d'insister : s'agit-il d'une FIV avec donneur ou du sperme paternel ? La mère précise qu'il s'agit du sperme paternel qui a été congelé, car il était pauvre. L'enfant en profite pour enfoncer le clou :

« Tu vois bien que j'ai été adopté puisqu'il ne pouvait pas être papa ! »

Lorsque je reste seul avec lui, il me dit qu'il a très bien compris que sa mère était vraiment sa mère, parce qu'il a bien été dans son ventre, mais à cause des congélateurs et des frigos, son père ne pouvait pas être son père puisqu'il n'était pas né dans lui. Je lui explique que, en définitive, ça se passe toujours un peu comme ça : le sperme du papa sort pour aller dans la mère. Mais il m'interrompt, l'air de celui à qui on ne la fait pas et avec un geste très obscène — il forme un rond avec deux doigts et fait mine d'en introduire un troisième à l'intérieur — il commente :

« Voilà comment ça se passe, il faut le mettre dedans et c'est à ce moment-là que l'on vit. Et moi, ce n'est pas comme ça que je suis né. »

Il a raison ! Ce n'est pas exactement de cette façon qu'il a été conçu. Et la vérité qu'on lui a assénée fait qu'il évacue ce père biologique qui, à ses yeux, ne peut pas l'être tout à fait.

Je crois pour ma part qu'il était difficile pour le père de reparler de ses difficultés de procréation, difficile pour la mère d'évoquer toutes les techniques et tous les examens qu'elle avait dû subir. Et tous les deux se déculpabilisaient, lui de son désarroi quasi stérile, elle de sa souffrance d'avoir accepté la FIV, en se débarrassant de cette encombrante réalité sur l'enfant qui, lui, devait tout comprendre.

Sans encourager les parents à mentir à tout propos, il est sans doute bon de leur rappeler une chose : le mensonge parfois fait le roman et c'est le roman qui crée la capacité poétique à supporter la réalité de la vie. L'imaginaire n'est pas la vérité mais il est nécessaire.

DES CONSULTATIONS IDÉALES

Retourner sans cesse à la clinique : voilà la seule vérité. Toujours se confronter à la rencontre, à l'échange. Toujours savoir être séduit, intrigué par l'autre. Ne jamais perdre cette énergie du contact. L'empathie sensible plutôt que la neutralité bienveillante, une fois pour toutes. Au bout du compte, une dimension poétique resurgit et prouve à l'évidence qu'il y a chez les pédopsychiatres une névrose infantile active.

La consultation idéale
(fiction)

Rêvons un peu...

Etant un pédopsychiatre reconnu, je pourrais commencer à m'occuper d'adolescents à problèmes, les difficultés antérieures de l'enfant m'apparaissant comme propédeutiques aux troubles de l'adolescence.

Je saurais qu'il y a deux façons de voir. La première consiste à croire que tout est linéaire : on estime qu'il existe une continuité très forte entre les différents âges de la vie ; la reviviscence et l'accentuation des conflits œdipiens expliquent donc tous les problèmes des ados. La seconde façon d'approcher les choses consiste au contraire à analyser les changements particuliers à cette période de la vie et à considérer qu'une enfance difficile ne présage pas forcément une adolescence conflictuelle et que, à l'inverse, une enfance tranquille peut parfaitement précéder une adolescence orageuse.

Je saurais qu'il existe aussi deux sortes de psychiatres pour adolescents : ceux formés à la pédopsychiatrie et ceux formés à la psychiatrie d'adultes. Leurs modalités d'approche et de proposition thérapeutique sont différentes et doivent, à distance, faire l'objet de confrontations pour les

valider dans leurs compétences, leurs conséquences, leurs particularités et leur utilité.

Praticien hors pair, je parviendrais à faire une
synthèse de toutes ces données.

Rêvons encore...

Je reçois une jeune fille en pleurs. Elle est
accompagnée de sa mère qui se plaint beaucoup
d'elle : elle ne travaille plus au collège alors qu'elle
a été remarquable tout au long du primaire ; elle
a fugué, fréquente une bande de types peu recom-
mandables, et, dernière trouvaille, elle est même
allée jusqu'à se faire teindre les cheveux en bleu,
comme ses copains punks. La mère ne comprend
pas les raisons de ce brusque changement ; plusieurs fois au cours de l'entretien, elle répète que
« pourtant tout va bien », que sa fille a tout pour
être heureuse dans une famille sans problèmes
particuliers.

J'écoute attentivement cette femme déstabilisée
par l'attitude de sa fille, puis je lui demande de
bien vouloir nous laisser.

Restée seule avec moi, l'adolescente continue de
pleurer, déclarant avec un mélange de colère et
de tristesse qu'elle déçoit ses parents et, surtout,
qu'elle se déçoit elle-même.

Je lui demande si elle a une idée du métier
qu'elle voudrait exercer plus tard. Elle me répond
qu'elle rêvait d'être journaliste mais qu'elle sait
que, maintenant, c'est fichu, elle n'y arrivera plus,
elle a tout gâché... Je rétorque que je suis
convaincu du contraire ; je crois, moi, qu'elle peut
encore réaliser son rêve, mais elle m'écoute à
peine, tout occupée par sa plainte. Elle parle beaucoup de son père — absent lors de cette première
consultation —, prétend qu'il la méprise, la surveille, l'ignore, l'a traitée de tous les noms lorsqu'il
a appris qu'elle avait un petit ami.

J'écoute attentivement en me gardant bien d'intervenir ou de critiquer cet homme que je ne connais pas. Je propose à la jeune fille de revenir une fois par semaine, lui suggérant de se faire accompagner de son père au moins une fois.

Je le vois quelque temps plus tard. Sa réalité ne correspond pas à la description fantasmatique que sa fille m'en a faite : il est certes un peu rigide, projetant sur son aînée des désirs de réussite universitaire qu'il n'a pas obtenue lui-même, mais s'il pèche, c'est par excès d'attention plutôt que par indifférence comme elle le prétendait.

Au fil des consultations, l'adolescente semble se reprendre : l'impression de dévalorisation s'atténue, elle s'affirme, devient plus conforme aux buts qu'elle s'est elle-même fixés, et aussi à l'image que ses parents se sont faite d'elle. D'ailleurs, elle se plaint de moins en moins de son père, acceptant finalement son attitude comme une preuve d'amour et d'attention. Signe d'apaisement visible, elle arrive à la septième consultation les cheveux coiffés, la mèche bleue en moins... Elle réinvestit ses études, renoue avec les amis qu'elle avait délaissés, se montre plus entreprenante.

Lui a-t-il suffi de pouvoir se plaindre à un tiers pour régler ses comptes avec un roman familial et en finir avec une image de père idéalisé ? Je crois que j'ai surtout servi de perfusion narcissique : l'adolescente doutait d'elle-même, projetait cette opinion négative de soi sur ses parents — le père surtout — qui, peut-être, étaient à l'origine de cette dévalorisation. Modernes, adeptes de la transparence, ils réclamaient à leur fille de tout leur dire, en confiance. Sauf que lorsqu'elle racontait, ils la jugeaient. C'est ainsi que quand elle avait avoué avoir eu une première relation sexuelle avec un garçon, son père n'avait pas hésité à la traiter de « salope ». Vous imaginez le reste : ses copains étaient des incapables, elle n'arriverait jamais à rien, elle gâchait toutes ses possibilités... Autant de petites phrases que tout parent exaspéré par le comportement provocateur de son enfant prononce un jour ou l'autre et qui, répétées trop souvent, finissent par laisser des traces. Comme chez cette fille, déjà fragilisée par les tourments et les transformations de l'adolescence, qui ne trouvait plus chez ses parents les garanties de confiance en soi dont elle avait besoin. Son attitude était alors un moyen de se conformer à la mauvaise image qu'ils avaient d'elle.

Tandis que moi, je ne doute pas. Jamais. Dès le premier entretien, je lui fais part de ma confiance en elle et en ses capacités à réussir et, à chaque séance, je persiste. Je deviens ainsi une sorte de miroir qui lui renvoie un reflet d'elle plus flatteur — souvenez-vous de la belle-mère de Blanche-Neige : « Miroir, suis-je toujours la plus belle du royaume ? » Peu à peu, la jeune fille retrouve l'assurance qui lui faisait défaut.

A la fin de la dernière consultation, l'adolescente me déclare : « Je vais bien maintenant. Je sais que je serai journaliste. »

Je lui souhaite bonne route et, en la regardant partir, je pense : « Et moi, je serai psychiatre. »

« T'es pas un docteur... »

Le mercredi, c'est le jour des enfants, donc des consultations non-stop. Dans mon jargon personnel, le mercredi a été rebaptisé l'Annapurna. Quand je vois ce qui m'attend, je redoute un peu ; j'en ressors toujours épuisé, mais toujours plus riche de rencontres et de découvertes.

Ce mercredi-là, le petit Paul avait déjà commencé à ficher le souk dans la salle d'attente. En bon tyran, il exigeait d'avoir accès aux trois jeux vidéo sans se préoccuper un seul instant des autres enfants, réclamait sans cesse d'aller aux toilettes, et demandait avec insistance à sa mère de chanter...

Arrivé dans mon bureau, il s'est appliqué à dessiner, s'évertuant à ne répondre à aucune de mes questions et refusant obstinément d'aborder le motif de la consultation.

Paul a 5 ans. Propre depuis l'âge de 23 mois, il s'est remis à faire pipi au lit à la naissance de sa petite sœur. Le cas, classique, se complique car Paul fait aussi pipi dans sa culotte, à l'école, parce qu'il ne s'en aperçoit pas, dit-il, ou parce que les toilettes sont sales... Il finit quand même par concéder que, depuis que sa mère a téléphoné pour prendre rendez-vous, ça va mieux : deux fois, il n'a pas fait pipi à l'école... Mais, ajoute-t-il, la petite sœur, elle, a toujours des couches.

Histoire banale. C'est très douloureux d'avoir un petit frère ou une petite sœur qui vient nous obliger à partager l'amour parental. Cette naissance est une épreuve, surtout quand on a eu la faiblesse de réclamer ce fameux petit frère et que les parents ont cru à notre sincérité... L'arrivée d'un second dans la famille est toujours vécue par l'aîné comme un abandon affectif et sensible. Abandon ressenti avec moins de violence quand il y a sept ou huit ans d'écart entre les deux enfants, car l'aîné a alors eu tout le loisir de se vivre comme unique. Car tous les enfants se veulent uniques. Tous les enfants se posent toujours la question de savoir lequel des deux les parents préfèrent. Et tous les parents, malgré leur bonne volonté, commettent souvent des bourdes. « Ah ! une petite fille, je rêvais tellement d'une petite fille... » Allez donc dire un truc pareil devant votre petit garçon ! Et il faudrait qu'il fasse la part des choses ? Qu'il comprenne que vous n'insinuez pas que vous avez été déçu à sa naissance ? Qu'il comprenne encore que la petite chose, là, dans le berceau, qui pleure, qui ne parle pas, qui n'est pas propre, qui occupe les parents à plein temps, c'est le bonheur ? Alors que, lui, il fait tout comme il faut, il s'applique à être grand, à aller à la maternelle et à attendre sagement l'heure des mamans sans broncher et, en contrepartie, il ne reçoit plus aucune reconnaissance ?

A la naissance d'un second enfant, je crois qu'il faut vraiment être vigilant. C'est bien beau d'expliquer, de donner à l'aîné des responsabilités vis-à-vis du petit, ça ne suffit pas. Le meilleur moyen pour atténuer son sentiment d'abandon me semble être de parler d'avant, de l'intimité d'autrefois, quand le nouveau n'était pas là. Mais ça, les parents le font peu, voire jamais, tout entiers préoccupés par la nouvelle naissance et leur rêve de famille modèle. Le plus souvent, ils se contentent de déclarer, ravis : « Maintenant vous êtes deux », comme si ça effaçait tout le passé, tout ce qui a existé quand on était encore un enfant unique.

La jalousie apparaît alors comme naturelle, quasi inévitable, et s'exprime souvent par ce qu'on appelle une énurésie secondaire : l'enfant propre se remet à faire pipi au lit, c'est une espèce de régression pour attirer l'attention, pour qu'on s'occupe de lui comme on s'occupe du nouveau-né qui monopolise beaucoup de la disponibilité parentale. Généralement, ce genre de manifestation dure peu de temps, mais c'est un symptôme agressif très culpabilisant pour les parents : « Est-ce que nous n'avons pas démoli notre aîné en lui imposant un petit frère ou une petite sœur ? » Dans le cas de Paul, il y a quand même un plus : si l'énurésie nocturne, involontaire et inconsciente, est signe d'une jalousie « classique », qui disparaît généralement d'elle-même au bout de quelque temps, l'énurésie diurne est un signe plus massif d'une grande anxiété et d'une certaine agressivité vis-à-vis des parents.

A l'issue de cette première séance, alors que j'ai raccompagné Paul et sa mère, ma secrétaire arrive, affolée, dans mon bureau. Paul est repassé par la salle d'attente où il harangue les parents et les enfants qui attendent en leur affirmant que je ne suis pas un vrai docteur. Je vais le voir aussitôt et lui demande les raisons de son ire. Réponse imparable : « Tu ne m'as même pas mis le bâton dans la bouche, tu n'as pas regardé mes oreilles avec la lampe, tu n'es pas un docteur ! » Sur quoi, il consent à partir enfin.

La semaine suivante, toute l'équipe est mobilisée pour son retour. Contrairement à nos appréhensions, Paul est plus calme et surveille attentivement sa petite sœur présente ce jour-là. C'est moi qui ai demandé qu'on l'amène. En effet, avec un gamin de cet âge, je rentre un peu dans son jeu. Autant on ne va jamais dire à un adolescent que ses parents ne sont vraiment pas terribles, autant avec l'enfant, je ne me prive pas, j'acquiesce : « C'est vrai, elle m'a l'air un peu casse-pieds ta petite sœur... Tu es beaucoup plus fort qu'elle... » Je dois dire tout haut ce qu'il pense sans oser l'exprimer. Je pose des questions : « Tu n'as pas envie qu'elle meure, parfois ? » Je ne me censure pas, mais je fais attention car, même si c'est moi qui ai l'air de suggérer, c'est lui qui éprouve ce désir de se débarrasser de sa petite sœur et pareil sentiment reste toujours très culpabilisant. J'ai bien conscience que cette question peut paraître terriblement agressive mais en fait, elle est assez classique, directement empruntée à la théorie que Mélanie Klein développe dans *Psychothérapie d'un enfant*. A un petit garçon très inhibé qu'elle recevait en consultation, elle demanda ainsi : « Est-ce que tu as peur que je te tue ? », ce qui est, vous en conviendrez, beaucoup plus agressif que ma question. Elle expliqua plus tard que l'enfant inhibé a toujours peur de mourir, peur surtout que cette mort vienne d'un tiers, ce qui gêne beaucoup sa communication avec autrui, considéré comme meurtrier potentiel. J'utilise donc cette thématique kleinienne avec l'idée que, dans la rivalité fraternelle, on pense toujours que sa sœur ou son frère doit mourir, afin qu'on redevienne unique. C'est quand la mort ou la maladie surviennent vraiment que les choses se compliquent, car l'enfant est horriblement culpabilisé à l'idée qu'il est responsable de ce qui arrive.

Cela me rappelle un fait divers récent : un petit garçon a survécu à une avalanche dans laquelle est mort son meilleur ami. Curieusement, la mère de cet enfant était plus préoccupée par la sœur aînée que par le benjamin. Elle savait qu'avant le départ en montagne, la fille avait dit à son frère : « Tu n'as qu'à crever, comme ça je serai enfin débarrassée... » Elle avait donc raison de veiller sur sa fille qui, sans nul doute, se sentait coupable de l'accident de son frère, parce qu'elle l'avait souhaité.

Si je veux critiquer la petite sœur de Paul, je suis bien obligé de la voir ! Sinon, je n'ai aucune crédibilité. Si elle n'est pas là, le petit bonhomme me parle d'une sœur imaginaire. Si elle est présente, elle devient réelle, enquiquinante mais réelle, et il comprend qu'il en prend pour longtemps, que la petite sœur est en quelque sorte un mal incurable et qu'il va devoir composer avec, alors que tous les enfants du monde pensent à un moment que ce n'est peut-être pas définitif, que le bébé va disparaître comme il est venu et comme par enchantement.

Avec moi, l'enfant se sent plus libre qu'avec ses parents. Il n'est pas obligé de se conformer à ce qu'ils attendent de lui, d'être soumis, de prendre contre son gré le rôle de mini-éducateur de la petite sœur à qui il doit sourire et faire des câlins, dont il doit ramasser les jouets. Il peut se laisser aller à exprimer son impatience, son agressivité. Et surtout, il peut témoigner d'une souffrance qu'il ne peut en aucun cas confier à ses parents. Je suis donc témoin de son désarroi et c'est ça qui le soigne.

Paul ne s'y trompe pas. A la fin de la seconde consultation, même scénario que la première fois mais ma secrétaire arrive dans mon bureau non pas affolée mais souriante. Dans la salle d'attente,

Paul crie à qui veut l'entendre : « C'est un docteur, c'est un vrai docteur ! » Et moi, je le rejoins à nouveau pour lui demander les raisons de son revirement. A nouveau, réponse imparable : « Je dessine, je te parle et je ne fais plus pipi au lit, donc tu es un vrai docteur ! »

Il a compris, lui, qu'il n'y a pas qu'une seule façon de soigner. Là où certains administrent des médicaments, d'autres comme les psychiatres discutent, posent des questions, et ça peut aider à guérir aussi.

La belle leçon à tirer de cette histoire, c'est que dès que sa mère a téléphoné pour prendre rendez-vous, Paul a moins fait pipi. On peut dire ainsi que, à partir du moment où les parents décident de consulter, c'est gagné. Comme si, dans cette démarche, les enfants, loin de la prendre pour un aveu d'impuissance, entendaient quelque chose du genre : « J'ai bien conscience qu'il y a un problème, mais je n'ai aucune maîtrise dessus, donc on va se faire aider. » Sans doute perçoivent-ils là l'attention parentale qu'ils réclament comme ils le peuvent.

Question de réfractaire aux mystères de l'inconscient : le petit minot aurait-il pu se passer de moi et arrêter de faire pipi au lit sans mon intervention ?

Le psychanalyste anglais Donald Winnicott parlait de « consultation thérapeutique », c'est-à-dire qu'une seule consultation modifie tellement l'équilibre familial et la position de l'enfant qu'elle est soignante en soi. La consultation est un soin à part entière. On n'a pas forcément besoin de pratiquer des thérapies prolongées pour être un bon psychiatre.

J'ai l'air de prêcher pour ma chapelle, mais en poussant à l'extrême, je dirais qu'il faut envoyer tous les enfants chez le psychiatre. S'il s'avère que c'est inutile, tant mieux ! Mais dès qu'il y a un trouble dans le développement — et à 5 ans, alors qu'on est propre depuis plusieurs années, redevenir énurétique, c'est un trouble —, il faut consulter. A trop vouloir nier les processus psychiques involontaires et inconscients, on risque de passer à côté de pathologies graves. C'est drôle mais on ne se pose pas la question en médecine. Si l'enfant a une angine blanche, on l'emmène chez le généraliste. Comme certains streptocoques à l'origine de ladite angine sont susceptibles de provoquer des rhumatismes articulaires aigus, le généraliste prescrit des antibiotiques, et personne ne songe à contester le bien-fondé de la prescription. Pourtant, même sans antibiotiques, l'enfant aurait peut-être échappé aux rhumatismes articulaires... C'est pareil avec la psychiatrie. Peut-être que l'énurésie de Paul aurait disparu sans mon intervention. Peut-être aussi qu'elle se serait prolongée ou qu'il aurait développé d'autres symptômes. Pourquoi attendre que les choses soient graves pour intervenir ? Pourquoi mettre le psychiatre en situation d'impossibilité de guérir ?

Le plus beau gilet du monde

C'est un petit garçon de 9 ans aux yeux très noirs. Il pleure, et ses larmes rendent ses yeux encore plus sombres et plus brillants.

Sa mère m'explique en quelques mots le motif de la consultation : « Il ne travaille pas bien à l'école, pourtant il pétille d'intelligence. » Je la crois volontiers et je n'ai besoin de rien, ni de test psychométrique, ni d'entretien supplémentaire, pour savoir que ce petit pétille effectivement d'intelligence. La mère poursuit : « Lorsqu'il a de mauvais résultats, son père le bat. » Elle ajoute que son mari s'est souvent montré violent, et qu'elle et lui se sont séparés trois ans plus tôt.

Je lui demande alors l'autorisation de pouvoir rester seul avec son fils, à condition qu'il soit d'accord. Les deux acceptent. Je vais m'asseoir près de l'enfant, il rapproche sa chaise encore un peu plus, et ses larmes redoublent. Lorsque je lui demande les raisons de ce chagrin si profond, il me dit que, bien sûr, il a peur que son père ne soit pas content de ses résultats à l'école, mais que ce n'est pas cela son vrai malheur. Je le questionne à nouveau pour connaître la cause de ce malheur-là. Il pleure de plus belle, puis parvient enfin à articuler : « C'est à cause de la mort de mon grand-père... C'était le plus beau et le plus gentil de tous les grands-pères. » Emu par cette déclaration d'amour, je lui demande quel métier exerçait ce papy extraordinaire : « Il faisait tous les métiers du monde. » Et parmi tous ces métiers, quel était son préféré ? « C'était le plus grand tailleur du monde ! » Que faisait-il comme habits ? « Il m'a fait le plus beau gilet du monde pour un petit garçon de 3 ans. Il était incrusté d'or et de pierres précieuses, il brillait au soleil et aussi dans la nuit. » Puis il ajoute, réflexion extraordinaire pour un enfant de son âge : « Tu sais, ce gilet, je l'ai gardé et je le donnerai à mon petit garçon quand il aura 3 ans », jetant ainsi un pont entre le passé merveilleux, éclairé par un grand-père idéalisé, et un futur possible.

A mon tour d'avoir des larmes dans mes yeux noirs à moi. A l'écouter, je réalise que l'agressivité, puis le départ du père avaient été largement compensés par la présence particulière et rassurante du grand-père. La mort de ce dernier a entraîné le désarroi et aussi la peur de rater son avenir. C'est ainsi à une double perte qu'était confronté le petit garçon aux beaux yeux sombres : celle de sa famille, et celle de son grand-père adoré. On comprend mieux sa fragilité, sa panique et, du coup, la chute de ses résultats scolaires. Pourtant, je n'étais pas inquiet quant à son devenir : lorsqu'on campe dans le passé de façon si riche et si poétique, on peut dire sans se tromper qu'on aura, qu'on a déjà un avenir.

Quelques jours plus tard, j'ai convoqué le père, routier de son état, pour lui parler de son fils et de son désarroi. Il a accepté de venir me voir et de me parler, signe qu'il était conscient des difficultés de relations avec son fils et par conséquent qu'il avait le désir de changer. Son souci de se montrer comme un père très bon était peut-être à l'origine de son agressivité avec son fils : il voulait qu'il réussisse là où lui-même avait échoué et ne supportait pas la moindre défaillance... Notre conversation lui a en tout cas permis de modifier son comportement intransigeant et violent et, très rapidement, le petit garçon a retrouvé à l'école un niveau à la hauteur de son intelligence.

Au cours de nos entretiens, le petit me parle de son grand-père, de ses difficultés scolaires, et moi, je le relance sur ce qu'il aime, sur ce qui l'intéresse, sur tout ce qui appartient à la pulsion de vie : « Tu as des mauvais résultats, d'accord, parle-moi plutôt de quand tu réussissais bien à l'école... » Le matériel du psychiatre, c'est tout ce qui, dans l'histoire du patient, peut être utile pour aller vers l'avenir. Avec chacun, il s'agit d'un travail à la carte, presque du sur mesure...

Ce qui a aidé ce petit garçon aux yeux noirs, c'est de projeter sur moi des images de grand-père, de me mettre en position de remplacement de son merveilleux aïeul. Il a été rassuré d'avoir assez confiance pour me raconter son désarroi, comme s'il me disait : « Mon père n'est ni très gentil ni très bon, mais peut-être que si tu étais mon grand-père, tu pourrais lui faire comprendre qu'il doit changer d'attitude. » Et c'est peut-être ce que j'ai fait en parlant au père qui, lui, m'a écouté comme il aurait pu écouter son propre père...

J'ai revu le petit garçon aux yeux noirs quelque temps après, et je lui ai demandé quel métier il souhaiterait exercer plus tard. Réponse-cadeau en forme de confidence : « Avant, je voulais être tailleur, comme mon grand-père. Maintenant, je crois que je serai pédopsychiatre. »

Table

Composition réalisée par JOUVE

IMPRIMÉ EN ALLEMAGNE PAR GGP MEDIA
Poessneck
Dépôt légal Éditeur : 41926-12/2003
LIBRAIRIE GÉNÉRALE FRANÇAISE - 43, quai de Grenelle - 75015 Paris.
Édition 7

ISBN : 2 - 253 - 15286 - 2   ❖ 31/5286/5